家庭教育の大切さを
動物の視点で考える

人の子育て動物の子育て

著 土居 利光
企画・編集 一般社団法人子どもの未来応援団

はじめに

人間は動物です。ほかの動物たちと同じように、地球上の生き物から食べ物を得て暮らしています。そして、他の生き物なしには生きていくことはできません。少し前までは衣類も、毛や綿などのように、すべて生き物からの恩恵を受けていました。当たり前のことだと思うかもしれません。では、ほかの動物との違いはどこにあるのでしょうか。さまざまな機器を発明し、高度に発達した言語を使い、芸術活動をし、宗教を持ち、人工的な空間を住まいとする、などを人類の特質として挙げることが可能でしょう。まさに、地球環境にまで大きな影響を与える種はヒトだけなのです。

しかし、やはり動物であることには変わりありません。日常生活の中で普通のことだと思っていることも、動物が持つ特質によって生まれてきたものがあります。その一つが、一夫一婦制を基本とした家庭という制度です。さらに、他の動物に比べてヒトが最も得意とする教育や学習も、もともとは動物として生き残っていくために進化させてきた産物です。不思議なことに、家族や社会、高度な学習といったヒト固有の特徴が他の動物との違いにもなっていて、結果、自分が他の動物と異なるものだと思わせることにもなっているのです。

動物と比較することによって、家庭教育の大切さを考えてみよう、という意図からこの本は始まっています。家庭や家族、教育など普通に使っている言葉についても、その意味をしっかり説明するのはそんなに簡単ではありません。そして、なぜ大事なのか、という理由についても、はっきり述べることが難しいのかもしれません。こうしたことについて、社会的な必要性という視点からでなく、生き物としての立場から考えてみました。人が生き残っていく上で家庭教育が重要なのはなぜか、その訳を納得したうえで、自らが行うことが重要だと思うからです。

子どもは、自分が育つ環境を選ぶことはできません。運命的に定められた所で育っていかざるを得ませんから、日常生活が営まれる家庭での教育は重要です。基本となるのは、子どもと親などとの間のコミュニケーションであり、周りにいる大人の背を見て子どもは育っていくのだと思います。

土居　利光

二〇一八年八月

目次

第2章 家庭における教育

第3章
生きがいのある暮らし

第1章 家庭と家族

01 人は特徴ある社会をつくる

ミツバチやアリなどがたくさん集まって巣をつくっているのを見かけることがあります。このように、無脊椎動物をはじめとして多くの動物は、群れをつくって生活しています。群れとは、一般的には動物の集団のことですが、その集まり方や集まる数はさまざまです。都会でよく見かける鳥の一つのハシブトガラスは、春から夏にかけての繁殖の時期には、つがいで行動しますが、それ以外は群れで生活しています。ハシブトガラスのように、多くの鳥は、一定の時期に群れをつくる暮らしをします。また、鳥類ばかりではなく、他の多くの脊椎動物においても群れは見られますが、こうした群れをつくるか、あるいは群れをつくらないかは、繁殖、つまり子孫をつくる方法が大きく関係しています。

両親が子どもの世話をするようになると、この場合は一時的ではありますが、最も小さな群れがつくられることになります。これが大きくなると、ライオンの群れのようになります。ライオンは、ネコ科の中でも珍しく群れをつくって生活しています。群れは、数頭のオスとそれよりも多いメス、さらにその子どもで構成されていて、オスは共通の親を持つ兄弟であることがほとんどです。メスは自分が生まれた群れで生涯を過ごしますが、オスは数年で群れから出て、単独でいるか、同じ境遇のオスと一緒になってオスだけの群れをつくります。こうした生活をする動物は、ほかにヒヒやハイエナなどもいますが、子どもがその一生涯の間、群れのなかにいて親などと一緒に暮らす場合には、群れはより大きくなり、お互いの関係なども複雑になっていきます。

群れをつくることには、メリットとデメリットがあります。草食動物のような他に動物に食べられてしまう危険がある動物では、メリットとしては、群れが大きくなるほど、捕食者への見張りを分担でき食事に専念できる時間ができること、多くの眼があるので食物を見つけやすくなること、捕食者を見つけやすくなること、捕食者に対して皆で脅しをかけることも可能となること、などが挙げられます。逆に、デメリットとしては、食物を独り占めできなくなって一頭当たりの取り分が減ってしまうこと、また捕食者の眼からは集団でいるほうが見つかりやすくなってしまうこと、などが挙げられます。肉食動物では、メリットは、協力して獲物を探したり狩りしたりできることです。

人の場合も、他の動物と同じように群れをつくっています。その最大のメリットは、皆で協力し、いろいろなことを分担して行うことによって、環境の変化に対応し生き抜いていける、ということです。人の群れは、一般的に社会と呼ばれています。私たちが暮らしている社会には、次のような特徴があります。第一に、社会の目標があることです。これは、みんなが納得できるような共通の関心でもあります。例えば、食事や身の安全が確保できること、衛生的、快適な生活をおくるといったことなどが挙げられます。第二は、ある程度の役割分担が決まっていることです。これは、一定の目的を持ってつくられた企業や行政といった組織のなかだけではなく、家族においては父親とか母親とか、地域においては世話役とか連絡役とかいった役割で、その立場が暗黙のうちに皆に了解されていることも意味しています。第三は、社会に属する人々の行動やお互いの関係を規定し、規制するルールがあることです。これには、挨拶の仕方などのしきたり、あるいは礼儀と呼ばれるルールと、法律など成文化されていて強制力を持っているルールがあります。第四は、社会に属する人々が持つ自分たちは同質であるという感情です。これは、何々県人というような地域的な感覚、日本人といった民族的な感覚、あるいは、われら人類という場合の共通的な感覚の母体となっている心的態度を指します。第五には、これらのことが継続されていることです。

人は、社会をつくっていますが、他の動物の社会とは異なった特徴としては、社会の一員となっている人々に共通するルールがあり、何かしら同質であると感じられる共通の感情を持っていることです。さらに、異なった習慣などを基礎にしている社会間においても、一つの社会の中で見られるような協力関係が可能であることが挙げられるでしょう。

コラム1 人と動物のよもやま話

昆虫のような群れをつくる哺乳類・ハダカデバネズミ

ハダカデバネズミは、漢字で書けば裸出歯鼠となりますが、その名前のとおり、体長十センチほどのネズミの仲間で、外見的な最も大きな特徴は、口から大きく飛び出している門歯です。この門歯を使ってモグラのように穴を掘ることから、以前は、ハダカモグラネズミと呼ばれていました。最初に発見されたとき、学者たちは、有毛のネズミ類の新生児と思ったというエピソードがあるように、体毛がほとんどないピンクがかった皺くちゃな皮膚をしています。トンネル内の暗闇で生活しているため、目はほとんど退化していますが、顔やしっぽなどにある「ひげ」で場所を感じとります。また、仲間とは鳴き声やにおいでコミュニケーションをとっています。

東アフリカが生息地で、砂漠の地下で百頭以上にも及ぶ群れで生活しています。植物の根が主な食物ですが、穴を掘りながら探すのも難しいことから、食物を協力して確保できるように群れをつくっていると考えられています。群れには、ミツバチやアリといった昆虫のような役割分担があり、一頭のメスと数頭のオスだけが繁殖を受け持ち、残りのメスやオスは広大な面積に拡がる坑道を維持したり、赤ちゃんの世話をしたりして暮らしています。役割は、ミツバチなどでは生まれつき決まっているのとは異なり、個体の成長などによって変わってきます。このような役割分担を持つ群れをつくるのは、哺乳類では珍しいことなのです。

ハダカデバネズミは、その長寿と抗ガン性についても、注目を集めています。寿命は最大で三十年にもなりますが、同じくらいの大きさのハツカネズミは長くて四年ぐらいにしかなりません。さらに、群れの中でガンの発生も観察されていません。ハダカデバネズミの繊維芽細胞は、人やマウスに比べると五倍以上の分子量を持つヒアルロン酸を分泌していますが、これを除去すると細胞がガン化します。また、皮膚にヒアルロン酸を蓄積することで、地下トンネルに必要な伸縮性を保ってきたと指摘されています。こうしたヒアルロン酸の効果によって、長寿と抗ガン性を確保したのかもしれません。

＊ハダカデバネズミの穴掘り＊

ハダカデバネズミは、門歯で穴を掘りますが、分業して行います。掘る、運ぶ、土を外に出す、という役割ですが、運び役は、土を後ろのほうに集めると、後ずさりしていきます。出し役のところまで持ってくると、掘り役の後ろに戻りますが、他の運び役をすり抜けるように跨いでいきます。

02

家庭と社会をつくる唯一の動物ヒト ―人の家庭の特徴―

家族は、私たちが暮らしている社会における最も小さな集団の一つです。一般的には、夫婦と子どもを中心としてその親子兄弟などの血縁関係によってつながりがある集団を指しています。社会を構成している基本的な単位、つまり人類を維持していくための最小の人の集まりでもあります。また、家族は、親と子というつながりをもとにした関係ということもできるでしょう。一方、家庭とは、夫婦や親子などが一緒に生活している人の集まり、あるいは、そうした人々が生活している場所を指すことが普通です。人が生活していくことにおいて、誰かと一緒に暮らしているということには意味があります。ここでは、一緒に生活している家族という意味で家庭という用語を用いることにします。

私たちの家庭とは次のような特徴を持っています。

第一に、社会とのつながりをつくることが挙げられます。人の社会は、人が相互に働きかけを行うことによって運営されていますから、ほとんどすべての人は、立場とか役割を持っています。例えば、子どものいる家庭においては、父親、母親、子どもという立場があり、父親あるいは母親は、仕事上の立場、子どもは学生の立場なども持っています。そして、そうした立場に応じて期待される内容、つまり役割が社会から与えられています。家庭を構成する各個人は、その立場と役割に応じて、家庭における生活を媒介にしながら社会の活動に参加することとなります。社会が存続していくためには、食料の調達、幼児や老人の保護、子どもの教育といったことを共同で行うことも重要です。こうしたことは、もともとは家庭で行われてきましたが、社会の発展に伴って家庭と社会とが相互に連携して行われるようになってきました。

第二の特徴は、家庭での営みは、自発的自主的に行われる傾向があることです。憲法で定められている納税の義務といった社会的な義務は、逃れようとする人がいることもあるし、義務を果たさない場合には処罰が伴うこともあります。それに対して、家族を養うために労働すること、あるいは結婚するかどうかといったことまで、たいていは立場や役割に応じて個人が自ら進んで行います。「もうそろそろ結婚したら」という暗黙の圧力があったとしても、最終的には個人の判断にゆだねられています。家庭に関する営みでは、見返りといった報酬を求めることはありません。

第三は、家庭においては、さまざまな働きが一連の流れとして一体的に行われることです。家庭がその構成員に果たす機能としては、家族の健康の維持、子どもの教育、マナーやしきたりなどの習得、不安の除去などいろいろありますが、こうしたことが別々に行われるわけでもなく、日常生活の営みとして当たり前に進められていきます。家庭の機能の一部が、例えば学校における教育などが、社会の他の組織にゆだねられることもありますが、その場合でも、家庭における学習などと相互に関連を持ちながら行われるのが普通となっています。

第四に、生きていくうえでの安心感や一体感がつくり出されることが挙げられます。人はほとんどの場合、家庭の一員として生まれてきます。そして、生まれてきた子どもは、大きくなると自分自身が家庭の一員であることを理解し、両親以外にも血縁の家族がいることを知ることになります。生まれてきた子どもは家族、あるいは世話をしてくれる人がいないと生きてはいけません。逆に、小さい子どもがいる親であれば、子どもと一緒にいないと不安を感じたり、不満足に思うこともあったりして、子どもが家庭の中心にいるような感覚を持っているのが普通でしょう。子どもがいない場合でも、配偶者同士の関係が満ち足りた良い関係であることを願っているし、努めています。そうした中で、安心感が生まれてきます。家庭は、人が社会において生活を営んでいく際の精神的な拠り所なのです。

動物の分類からすると、私たちはヒト科に分類されていて、人類と言われることもありますが、種としてはヒトという和名を与えられています。「種」とは、生物を分類するときの基本的な単位です。私たちを含めて、生物の一つ一つの個体を見ると、その形態や行動、あるいは親から子に伝わっていく形質によって、相互に交じり合わない集団に分けることができますが、こうした集団が種と呼ばれています。種の最も大切な特徴は、種とされる集団においては交雑（受精や受粉）ができますが、他の種の個体とは交雑が起こらないという点です。

人類の繁殖においては、母親だけでなく、父親の協力が重要であるとともに、父親と母親の近親者の協力も不可欠でした。かつては、食料を得るために団結して狩りを行い、食料となる植物が生えている場所について知らせるなどして、より多くの子どもを育てることに成功してきました。ほとんどの社会において、男女は、長期にわたって夫婦に代表されるような関係を維持しますし、本人自身も、また社会の他のメンバーもそうした関係を相互に助け合う義務であるとみなして、一種の契約として認めています。そして、夫婦は性的な関係を持つだけではなく、両者の間に生まれた子どもを共同で育て、世話をしていきます。動物は、個々にあるいは家族ごとに「なわばり」を持っていて、そこを守るために誇示し、入ってきた同じ仲間である敵と闘います。しかし、人類は、こうした行動はとりません。家族間で経済的にも協力し合い、社会の一員として生活します。人類は、家庭という仕組みを基礎にして社会をつくり、種の保存を図ってきた動物です。そして、家庭と社会をつくる唯一の動物と言ってもよいかもしれません。

コラム2

人と動物のよもやま話

ヒトはサルの仲間 ―共通の特徴―

キツネザル、スローロリス、ショウガラゴ、ブラッザグエノン、アビシニアコロブス、テナガザル、ゴリラ、これらの共通点は何かと聞かれて、すぐに答えられる人は少ないかもしれません。これらはすべてサル目（霊長類）に属する種で、サル目の種は、熱帯地域を中心に約二百種以上います。その中で、ヒトに最も近いと言われる仲間は類人猿と呼ばれています。類人猿はゴリラやチンパンジー、オランウータンなどで、尾がないことが特徴となっています。ヒトもその仲間ですので、サル目の特徴と言えば、人間に似ているということが最初に挙げられます。

サルの仲間たちと他の動物たちとの違いが、大きく三つあります。一つは、親指が他の四本の指と向かい合うことができるように配置されていることです。こうして、手を使って木の上で自由に動くことはもちろん、器用に物などを掴むこともできるようになりました。さらに、指の先にある平たい爪によって細かい作業なども簡単にできるのです。二つ目には、両眼が正面を向いていることが挙げられます。顔の後ろを見ることはできませんが、前にある物を立体的に見ることができるほか、距離も把握しやすくなりました。また波及効果として、視覚が発達したことで嗅覚が衰えて顔がのっぺりしてきたため、顔の表情によって喜怒哀楽が豊かに表現できます。三つ目は、他の哺乳類と比べて比較的大きな脳を持ったことです。腕力だけで勝負するのではなく、より頭を使った行動が可能となりました。

普通、サルと言って思い出すのはニホンザルかもしれません。熱帯に住んでいるサルが多いなか、ニホンザルは、最北端のサルとも称されています。北限で生きていくための身体的な特徴の第一は、体重が重いことで、日本で南の方で暮らしているサルより二割ほど重くなっています。理由は、体の体積が大きくなっても、体積当たりの表面積は小さくなり、表面の熱が奪われにくくなるからと言われています。第二の特徴は、体毛がふさふさとして密生していることです。サルの体毛は初夏になると冬毛から夏毛に抜け替わりますが、夏毛の期間は六月から八月までの三カ月間と短くなっています。こうした体勢を整えて、冬になると木の冬芽や樹皮などを食べて寒さをしのいでいるのです。

タイの高速道路を走っていたら、温泉に入ったニホンザルの写真が載せられた日本の観光宣伝の看板を見かけました。ニホンザルは海外ではスノー・モンキーとも呼ばれ、ちょっとした人気となっています。しかし、温泉に入る習慣を持つことになったニホンザルが見られるのは、日本でもほんの一部の場所に限られています。

＊ゴリラのオスの特徴＊

ゴリラ、オランウータン、チンパンジー、ボノボなどの大型霊長類は、人と違って、後ろ足より腕が長いという特徴があります。ゴリラは、シルバーバックと呼ばれるオスと複数のメスと子どもで群れをつくります。オスの特徴は、背後の銀色の毛並み、後頭部の盛り上がり、腕と足の先のほうの毛が長くなること、などが挙げられます。

03 メスが主導権を持つ配偶者選び ―動物の繁殖システム―

動物、あるいは植物の種において最も重要なことは、「種の保存」、つまり、環境の変化などに適応して子孫を残していくことにあります。種の保存は、繁殖と言い換えることもできますし、動物については、「食べ」「産み・育て」「死ぬ」という一連の営みとして捉えることもできます。すべての動物は、種に特有の繁殖のための方法を持っています。そして、同じ種の仲間のあいだでは、生殖や子育ては、子孫を残そうとする生存のための競争と言うこともできます。

繁殖のためのシステムは、長い時間をかけて自然淘汰（自然選択とも呼ばれることがあります）によって進化してきました。自然淘汰は、次のように定義することができます。つまり、交雑が可能な血のつながりの近い種が、そうした種が地理的に重複しているような地域において、それぞれの集団内におけるさまざまな遺伝子がもたらす次世代に残す子どもの数の違いによって、集団として持っている遺伝子組成が変化し、全体に広まっていくことであり、結果として、環境に適応できるように種を構成する個体の数が増えていく、ということです。つまり、自然淘汰は、子孫へ受け渡される遺伝子が最大になるように作用している働きです。

自然淘汰の一つの結果として、ほとんどの哺乳類は、一夫多妻という繁殖のためのシステムをつくりあげてきました。一頭のオスが、複数のメスに子どもを産ませるのですが、これには生物的な理由があります。メスは、オスより大きな性細胞（卵子）をつくり出しますが、この卵子には胚の発生がある程度進められるような栄養分などが準備されているため、メスは多くの時間とエネルギーを卵子につぎ込んでいます。したがって、メスが繁殖に貢献する能力というものは、卵子を生産する力と、そのために外から栄養分を吸収する力に左右されることになります。一方、オスのつくり出す精子は、その鞭毛で数日間動き回る程度の栄養分しか持っていないのですから、オスは、繁殖に貢献する能力をメスと同じ程度に発揮する場合、メスよりも格段に少ないエネルギーで済むことになります。精子は一回の射精のために数億個も生産されます。だから、卵子をつくり出す期間で比べてみると卵子と精子では総エネルギーでは変わりはないかもしれませんが、子ども一人に対する親としてのエネルギーの投下量はかなり少なくなります。こうしたこともあって、オスは、多くのメスを相手にすることでより多くの子どもを残すことが可能となります。一方、メスは、多くのオスと交尾しても多数の子ども手に入れる結果には決してなりません。

多くの場合、生殖の際に相手を選択するのはメスとなっています。一夫多妻の場合では、メスの選択の基準は、より大きく力のある子どもを得られる可能性が高いオス、ということになります。アザラシはメスよりもオスのほうが大きくて頑丈な体を持っていますが、他のオスより力が強くて、そうした子どもを残せるようなオスを選択することが重要視されます。こうした選択をする種とは別の種では、もう一つ、メスが選択する際の基準があります。それは、子育てに対するオスの協力度合い、貢献度合いといった基準です。こうした選択をする種では多くの場合、一夫一婦を構成します。オスとメスが協力して子育てをする鳥類のほとんどがこれに該当します。力があることが選択の基準とはなっていませんので、夫婦を見てもオスとメスとの個体差、色彩の違いがあまりありません。とはいえ、配偶者となる可能性のあるメスを惹きつけること、ライバルに対して優位になること、そのためにクジャクの色鮮やかな羽のように性的なデザインは進化させてきました。なお、オスのほうがメスよりも積極的に子育てを行う種については、メスのほうが大きくて鮮やかな色彩を持っていることが多いばかりではなく、メスが良いオスを獲得するために闘うことになります。こうした選択を決定してきたのも自然淘汰という仕組みなのです。

家庭と似たように見られるものに、巣が挙げられます。巣は、繁殖の成功を促進させるといった働きがあります。鳥類は巣をつくって卵を温めますが、ほとんどの哺乳動物は、胎児を自分の体温、つまり子宮の中で温めることができますから、巣作りがさほど重要なわけではありません。しかし、出産をひかえたメスは、子どもを産むのに適した安全で静かな場所を確保しようとしますし、巣作りする動物は、捕食者あるいは寄生生物が寄り付かないように、排泄物を除くなど巣を清潔に保たなくてはなりません。清潔に保つという行動は、人において、出産の際に身ぎれいにするとか部屋を整理整頓するとかといった形で表れている、とも考えられます。

人の場合、母親は、子育てへの貢献度合いということから、父親となるオスを選択するようになったとも考えられます。さらに、胎生を進化させてきましたので、胎内でじゅうぶんに育てるということが重要になりました。このことは、子どもにとって有利なことに間違いはありませんが、母親には大きな負担となります。さらに、胎児の健康と成長は、母親が妊娠する前にどのような栄養状態にあったということにも大きな影響を受けます。つまり、継続的に栄養の確保でき、安心して暮らせる場所などが人類の母親にとって重要となっています。ですから父親は、母親が安心できる環境を確保しなくてはなりませんし、そうした存在であることが必要とされているのです。

コラム3

人と動物のよもやま話

相性 ―不思議な仕組み―

多くの動物では、繁殖するための相手を選ぶ際に、相性のようなものがあるようです。ユキヒョウは、内陸アジアの岩場の多い高い山脈に生息しているネコ科に属するヒョウの仲間です。険しい場所に暮らしているため、バランスがとれるように太く短い足と太く長い尾を持っているのが特徴となっています。カザフスタンから動物園に、野生のユキヒョウのオスが送られてきたことがありました。野生ということもあり、その子どもを繁殖させることが動物園の優先課題となります。その当時、動物園には二頭の繁殖可能なメスがいましたが、発情期がくると、そのオスのユキヒョウは、メスのうちの一頭しか相手にしようとはしませんでした。動物園では多様な血筋を残していくことも大切です。人の気持ちからすると可哀そうと思われるかもしれませんが、無理矢理に相手を変えたりして、繁殖を進め、結果として多くの子どもが生まれてきました。また、ライオンのメスで、子どもだった頃に尾をかじ

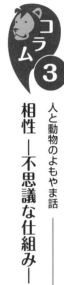

られて、尾が少し短い個体がいましたが、発情期がきても、なかなかオスが近寄って来ないことが見られました。このように、動物には相性と呼べるような好みが働いていて、人の気がつかないような個性あるいは容姿などの違いを見分けているのかもしれません。

こうした容姿あるいは声といった何かしら相手に好かれるものが、動物が交配する際に有利に働くことも進化に関係していると言われています。しかし、この場合には自然淘汰ではなく、交配の際の選択による淘汰です。クジャクが美しい羽を広げてアピールしても、メスがそれに惹きつけられなければ意味がありません。性による淘汰が働くためには、オスが一定の形質をうまく変化させるだけではなく、選択の主導権を握るメスに、それが好ましいと判断されなくてはならないのです。人も同様に、美しいとか格好いいとかいった内容を含む美的な好みがあります。こうした惹きつけられる外見は、多くの場合、自分の周りにいる見慣れた人々が持っている顔立ちとか肌の色とか髪の毛の質とかに似ていると言われています。こうした特定の美意識の時間的な積み重ねが、世界各地における地域ごとに異なった集団、つまり、肌や髪、目の色といった違う集団の人々をつくってきた、とも考えられています。

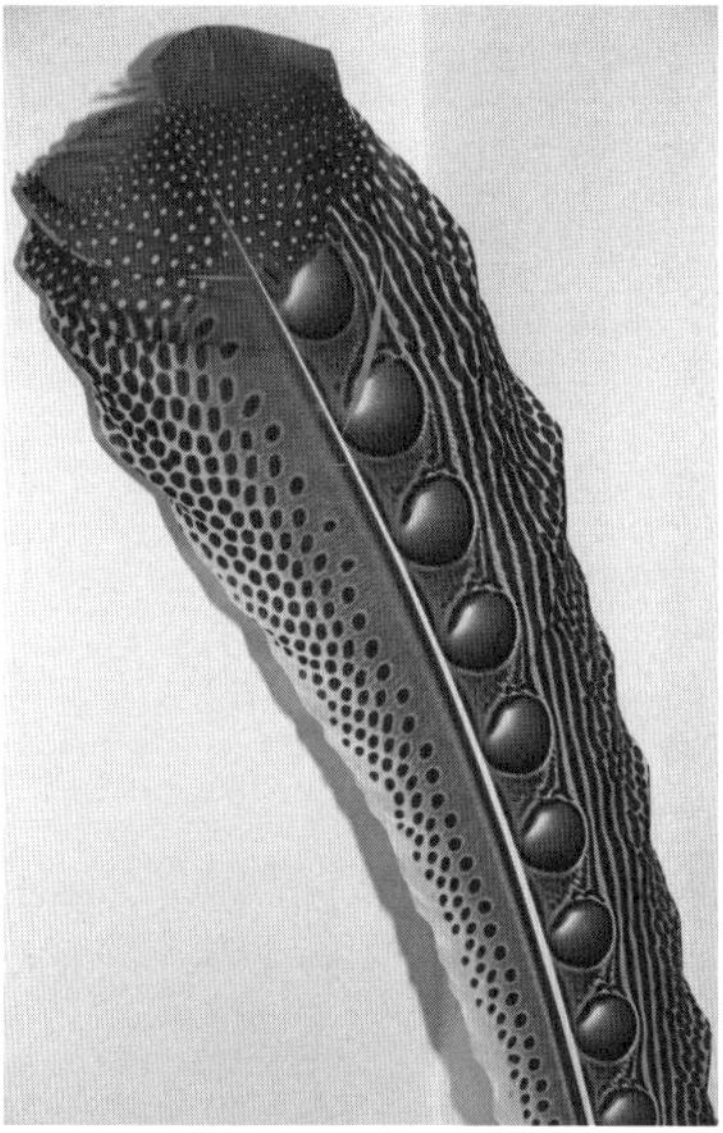

＊セイランの羽の模様り＊

クジャクと同様に美しい羽を持つのがセイランです。キジ科の鳥で、空想上の鳥、鳳凰のモデルとも言われます。風切羽には眼状の模様が一列に並んでいて、繁殖期にはメスに見せるようにします。この眼状の模様では、上部が白くなっていることから、模様が立体的に見えるようになっています。セイランもこうした錯覚をするのでしょうか。

04

長い子育て期間は生き残り戦略 ―人の子育て―

動物は、種によって異なる子育てのための身体の仕組みや本能を、遺伝的にプログラムされています。しかし、すべての動物が子育てをするわけではありません。子どもへの対応の仕方にはいくつかありますが、子どもの世話をほとんどしない動物も多いのです。寿司の食材として精巣や卵巣が好まれて食べられるウニは子育てしない典型でしょう。ウニは、子育てしない代わりに非常に多くの受精卵を放出しますが、放出数に比べると生き残る数は極めて少なくなってしまいます。魚類のように卵黄と呼ばれる栄養を備えた卵を数多く産む種もいます。こうした卵を産む動物には爬虫類や鳥類もあてはまりますが、卵の数は魚類には及びません。哺乳類では、子どもは、胎内で過ごす時間が長く、ある程度の活動が可能となる時期まで胎内に留まっています。動物の子育ての最終的な目標は、個体そのものが生き残っていくことではなく、種の保存、遺伝子の生き残りにあります。だから、哺乳類は、生まれてからの成長がうまくいくように、一定の期間、子どもを胎内で育ててから新たな環境の中に出していくという道を選んだのです。

人類は、継続的に協力を続けることができる集団をつくることによって、厳しい環境にも適応できるようになってきました。そして、適応力を身に付けるとともに、いろいろなことを考えることが可能となる大きな脳を持つようにもなってきたのです。大きな脳は、分娩の際に出にくくなるという困難を伴いますから、胎児は、成長の早い段階、つまり頭がなるべく小さいときに生まれてくるようになりました。ゴリラなどの霊長類の赤ちゃんと同じ程度の運動能力などを持つ脳を、人の赤ちゃんが必要だとすると、現在の妊娠期間の約十カ月をさらに六カ月程度延長しなくてはならないと考えられています。進化の過程において、産道を容易にくぐりぬけることができる未熟な赤ん坊を出産する人類は、出産後の学習などによって、与えられた環境の中で生き残る可能性が大きくなり、その独特の子育ての方法を子孫に伝えることになりました。

哺乳類の子どもが生育していくうえで、親による子どもの世話は、重要な意味を持っています。普通、子どもの多くは、生まれたばかりのときには、親が与えた食事を食べること以外は何もできません。だから、母親の仕事は非常に労力がかかるものとなります。霊長類のチンパンジーは、赤ん坊が乳首に吸い付いている間でも、赤ん坊を抱きかかえ、落ちないように運び、危険な相手から子どもを守り、自分の食事も確保しなければなりません。哺乳類が行っている子どもに乳を与えるという育て方は、子孫を残すことに良い結果をもたらします。このため、子育てする多くの動物においては、給餌や授乳の時期が、食べ物が最も得られやすい時期に合うようになっています。

人類にとって、二十年近くにもなる子育ての期間、つまり、子どもが親からの世話を受ける期間というものは、生き抜くための知識などを得ていく以外に、他の動物とはまったく異なる重要な意味を持っています。それは、この子育ての期間の中で、子どもは親との結び付きを形成するということです。親と子どもの結び付きは、幼児が情緒的に安定して健康に発育することに貢献し、将来にわたる良好な関係がつくり上げられることにも大きな影響を与えます。さらに、子どもが成人して自分の子どもを持つときの子育てのあり方にとっても、欠くことができません。子どもの面倒をみるのは、基本的にそれぞれの親であり、親子は血のつながりという遺伝子による強い絆を持っているので、通常の場合、子育てを放棄することはほとんどありません。

メスは、卵子をつくり出すのに、オスが精子をつくり出すよりも多くの時間とエネルギーをつぎ込んでいます。だから、メスは受精した卵子に対してオスよりも強い一体感を抱くようになるのも不思議はないことなのです。特に、数少なく子どもを産む動物は、子どもを保護し養育することにも大きなエネルギーを費やし、子どもが過ごしていかなければならない環境の中に一人で暮らせるようになるまで、その親は子育てを放棄することはできないでしょう。人類において、女性は十カ月近くの妊娠期間を経ていくうちに、胎内で成長している胎児に対して次第に情愛といった感情を抱くようになっていきます。妊娠三カ月くらい経つまでは、思いやりのような感情を持たないものの、七カ月近くになると、生まれてくるだろう赤ん坊のことを思い描き、出産のことやその後のことに神経を使うようになることが多いと言われています。

子育ての面で、人類が他の動物と決定的に異なる点は、未発達で生まれてくる赤ん坊の脳が成長していく過程で長期間にわたって注がれる努力と、その原動力となる愛情と言えます。そして、母親が安心して子育てを行うことができるためには、父親などからの協力が不可欠なのです。

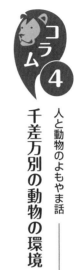

コラム4

人と動物のよもやま話

千差万別の動物の環境

環境という言葉は、一般的に、生き物が生きていくのに必要な外部の条件と外部からの影響の全体、を表わしています。環境は、動物の種によって内容が違ってきます。ノミは、イヌやネコなどの皮膚について、血を吸う外部寄生虫として知られています。卵、幼虫、さなぎ、成虫とライフサイクルを繰り返しますが、成虫になると、宿主の体温や二酸化炭素に反応して、跳躍して皮膚にたどり着きます。成虫のノミにとっての環境とは、二酸化炭素などが感じられる一定の温度に保たれた場所と考えられます。

ジャイアントパンダは進化の中で、タケ類を主食としていくことを選択することによって他の動物と異なる生存戦略をとってきました。豊富にタケが生えているという場所があれば、将来には不安がなかったに違いありません。オランウータンの子どもは、親から果物など食べ物があるところを教わりながら、成長していきますが、そうした食べ物がある森がなければば種としては生きていくことはできません。これらの場所が、人間によって改変されたり、気候の変動によって変わったりすることは、種として想定外のことになるのです。逆に、動物は、食べ物を得るなど生活することによって、新しい環境をつくり出していきます。こうした相互作用ができるような環境においてのみ、動物は生き残っていけるのです。

人間も例外ではありません。自然が大好きな人であっても、明日から一人で大自然の中で暮らせと言われても、そんなことが可能なわけがないのです。人間は環境を変え、自然とは切り離された環境、つまり、自らが造った人工的な環境の中でしか生きられないように進化した唯一の動物と言うことができるのではないでしょうか。しかし、当然のこととして受け入れている生活、それを成り立たせている電気や自動車、建物などは、すべて地球の資源が元になっているとともに、地球の資源によって生産されるエネルギーによって担保されているのです。

＊トンボの交尾＊

トンボは、幼虫時代を水の中で、成虫になると草原や林で過ごします。そればかりではなく、水辺の植物や朽木、泥の中、あるいは木の枝に産卵する種類もいるため、種類ごとに少し異なった環境に暮らしています。交尾では、オスは生殖口のある腹の先でメスを捕まえるため、腹の付け根にある生殖器に精子を移しておきます。メスは腹を前に曲げてその先端を、オスの生殖器にあてがいます。2匹が変な姿勢をとっているのは、このためです。

05 動物の大半は放任主義者 ―動物の繁殖方法―

人類は、他の動物に比べて長期間にわたって子どもの面倒をみなければなりません。こうした子育ては、子どもを無事に世の中に送り出し、次の世代へとつないでいくための条件であって、避けては通れません。こうした子育てを見ていると、すべての種が子育てを行っていると考えがちですが、親が子どもの面倒をみている種が一般的なわけではなく、多くの動物の親は、産卵に適した場所を見つけ、そこに多くの数の卵を産むだけで、誕生してくる子どもの姿を見ることも、見守ることもないのです。

今日まで存続してきた種は、その種が生息している環境に合わせて、子どもの扱い方の固有な行動パターンを持っています。子育てという行動が見られる種には、多くの場合、次のような特徴があります。その子どもが長い期間にわたって成長していくこと、親と子がいくつか集まって群れを形成すること、いっせいに生殖活動を行うのではなく特定の期間に生殖活動を行うこと、などです。また、捕食者に襲われるおそれが常にあるような動物の種でも、子育てを行う可能性がでてきます。哺乳類では、母親が子どもに授乳するという行動パターンをとるように、ほとんどは母親だけで子育てをしています。オオカミの父親は、母親に協力して子どもを育てますが、これは例外です。また、哺乳類以外の動物は、まったく異なる子育ての行動をしています。

子育ての仕方は、その動物が、恒温動物か変温動物か、脊椎動物か無脊椎動物か、あるいは哺乳動物か鳥類かといった、動物の持つ特徴から一定の制約を受けることが多く見られます。無脊椎動物は、変温動物であるため、抱卵しても卵の温度を外部の温度より高く保つことができないため、子育てをすることまずありません。また、体が小さいのが普通ですので、親であっても子どもを捕食者などから守ることができないのも理由の一つです。しかし、ミツバチやスズメバチ、アリやシロアリなどのように、大きな集団をつくって、繁殖、給餌、子どもの保護などを役割分担して行っている例もあるのです。

魚類においては、ほとんどの種においてオスが卵を守り育てています。メスが卵を産み落とし、次いでオスが精子で受精させるという体外受精を行うことから、受精させたオスが誰かは明確になっています。自分が親であるのは、確かなのですから、オスは卵の世話に専念することになります。世話をすると言っても、卵を産んだのち巣立つまで守るといった方法で稚魚の世話をするのは魚類の十パーセント程度にすぎないと言われています。しかし、淡水魚では、イトヨなどの全体の半分くらいの種は、稚魚の面倒をみています。

爬虫類は、魚類と同じく卵を温めることはできませんので、ほとんどが子育てすることはありません。例外の一つは、クロコダイル、アリゲーターなどのワニの仲間で、メスは、大きな巣を作りその中に卵を産み、泥や草をかけて卵を温め、捕食者から卵を守るなどの行動をしています。さらに、子どもが卵から孵ってから何日かは、一緒に行動し、捕食者から守り、給餌をするものも多いと言います。両生類は、親は陸上で、子どもは水中で生息するという生活サイクルを持っているため、基本的に子育てはできません。

鳥類は、オスとメスが同等の能力を持っているので、子育てについてどちらかが生得的に有利だということがありません。空腹を訴える子どものために頻繁に餌を運んでこなければいけないのですが、餌はそう簡単に手に入りませんので、オスとメスが共同作業を行うこととなります。鳥類は、カッコウなど托卵をする鳥を除けば、卵を温めて孵し、餌を与え、巣を清潔に保ち、餌の取り方や鳴き方を教えるなど、子どもの保護を父親と母親が一緒になって行っているのです。

哺乳類は、卵を産むカモノハシやハリモグラなどの例外はありますが、子宮の中で育て、ある程度の活動ができるようになってから子どもを産み落とします。乳腺から授乳するという行動パターンをとっているため、一定の期間は必ず子育てをせざるを得ません。この授乳するという形態は、進化において子どもの生存に有利に作用することになって、身体の大きな種では哺乳類が多くなる結果となったと考えられます。親の義務は、哺乳から始まるのではなく、受精した卵子が胎盤に定着したときから、子どもが乳離れして独立して暮らすようになって終了します。

哺乳類では、巣作り、授乳、子どもの体温の保持、子どもの運搬、天敵などからの保護、母乳以外の食べ物の供給、餌の捕り方の教育、種としての適切な社会的な行動の教育、安心感の提供などを、発育状況に応じて行うことが親の務めとなっています。出産や授乳は母親しかできないことが多いため、ほとんどの種において母親が子どもの面倒をみています。しかし、母親の役割を血縁上近い個体が部分的に肩代わりする種も見られます。また、群れを構成して狩をするオオカミは、父親が獲物の肉の一部を埋め込んで蓄えておいたり、少しばかり消化した肉を吐き戻して母親や子どもに与えたりもします。一般的に、オスは、餌場などが競合する同種の動物がなわばりに入ってくるのを防いだり、子どもや母親に餌を運んだりする役割を主に受け持っています。一方、草食動物においては、オスが子育てをする種はほとんどいません。

コラム5

人と動物のよもやま話

父親も献身的なフラミンゴの子育て

　フラミンゴは、多くの動物園で飼育されていて、見る機会の多い大型の鳥です。長い首を曲げる様子や一本足で立つ姿、ピンク色の羽などが、人目を惹き、動物園でも人気の鳥となっています。春先になると泥を積み上げて、上に一個の卵を産みます。オスとメスが交代で卵を抱き、四月から五月にかけて孵化しますが、生まれてくるのは白いヒナです。フラミンゴは、藍藻も食べますが、この中に含まれている色素によって羽の色は維持されています。動物園で飼育されているフラミンゴは、赤い色素を含む餌を与えるようにしないと、だんだんピンク色が薄くなってしまいます。かつては、すりおろしたニンジンやエビを餌に加えていましたが、現在では色素入りの人工飼料やオキアミなどに替わりました。

　メスとオスは、ヒナをフラミンゴミルクと呼ばれるミルクで育てます。ヒナが餌を求めて鳴くと、喉の奥にある「そのう」からミルクを分泌させ、吐き戻すようにして少しずつヒナ

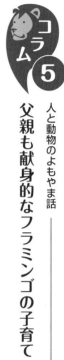

に口移しで与えていきます。「そのう」は食道の一部が膨らんでできた、食べた物を一時的に保管しておく鳥類独特の器官です。また、ミルクは、タンパク質と脂肪が豊かで、カロチン系の赤い色素も含まれているため真っ赤な色をしています。

ヒナは真っ赤なミルクをもらっても赤くはなりません。成長するにしたがい、白色が段々と黒っぽくなっていき、三カ月ほど経つと、親とほぼ同じ大きさの黒っぽいフラミンゴになりますが、その後も、餌を食べる一方で三カ月間ぐらいはミルクをもらい続けます。それが、半年もして成鳥になる頃にはピンク色の羽になってきます。ヒナは色素を肝臓に蓄えていたのです。逆に、親鳥のオスもメスも、ヒナにせがまれて色素入りのミルクを約半年間にわたって与え続けることになるため、だんだんと白っぽくなっていきます。熱心にミルクを与え続けたオスが色褪せてしまい、翌年の繁殖期には、つがいを組んでいたメスから三行半を突き付けられたという話があります。フラミンゴの羽の色についても、その濃さが性淘汰に関連しているのかもしれません。

＊フラミンゴの嘴と寝姿＊

フラミンゴの嘴は、真ん中あたりで曲がっていて、「へ」の字のようになっています。これは、餌である藻類やプランクトンを食べるとき、頭を下げると、すくい取るのにちょうどよい角度になっています。眠る際には、他の多くの鳥と同じように、長い首を背中に埋めて寝ています。

06
赤ん坊の戦略

カンガルーと言えば、お腹の袋（育児嚢《いくじのう》）で子どもを育てるというイメージがありますが、実際は少し違います。交尾から約一カ月して生まれてきた子どもは、体長約二センチ、体重一グラムほどで、眼も開いておらず毛もない未熟児の状態です。子どもは、子宮から出ると自力で育児嚢にたどり着き、その中で乳首に吸い付き成長していきます。カンガルーの母親は、自分が出産していたことにも気がつきません。アカカンガルーだと、六カ月を過ぎた頃から袋から顔を出すようになり、それまでは母乳だけだったのが、母親と一緒に青草などを食べるようになります。また、サルの仲間の多くは、樹上で赤ん坊を産みますので、赤ん坊は落ちないように、母親に抱きついて腹部の毛を掴むようになっています。このように、子どもは、生まれてきた環境に応じて自分自身が生きていくための能力と行動パターンを誕生の瞬間から持っているのです。

ゴリラやチンパンジーなどでは、生後数週間、母親が付ききりで子どもの面倒をみます。こういった子育てのパターンを持っている種においては、赤ん坊は、一人では生きていくことができません。乳首を探し求める赤ん坊の行動を察してあてがってくれる親、空腹の際の泣き声に反応してくれる親、捕食者から守ってくれる親、見つめれば応えてくれる親が必要なのです。赤ん坊の泣き声は、母親ばかりでなく、天敵などに場所を知らせる結果をもたらします。さらに、巣や子どものにおいなどによって、子どもがいることが捕食者などに分かってしまうのです。このため、子育てを始めた母親は攻撃的になるのが普通です。春に木の下などを歩いていると、不意にカラスに威嚇された経験がある人も少なくないでしょう。これは、近くにカラスの巣があり、卵があるか子どもがいて、捕食者などが近くに近寄らないようにと脅かしているのです。

母親は、子育ての時期には攻撃的、あるいは閉鎖的な暮らし方をしますが、逆に、子育てに掛かりっきりになることで、子どもの泣き声、におい、好みなどといった個性を頭に入れこんでいくこともできるのです。それとともに、親子の相互関係が築かれることにもなります。人の場合､赤ん坊の泣き声には男女問わず反応します。まったく無防備で何もできない状態で誕生した赤ん坊は、ほとんどいつも母親と一緒に過ごさざるを得ないため、泣き声を出すという行動は、赤ん坊の欲求を察してくれない母親に訴える最大の作戦なのかもしれません。

人の赤ん坊は、生まれてすぐに抱きつくことはできませんし、二〜三カ月ぐらいまでは意識して笑うことはありません。笑っているように見えるのは、反射といった生得的な行動と考えられます。しかし、こうした時期の赤ん坊の人を見据えるような目つき、そして三カ月ほど経ってから見せる笑顔というものは、母親のみならず父親も満足した気持ちにしてくれるものです。赤ん坊の視力は、生まれたばかりではしっかりせず、三カ月ぐらいでも輪郭がぼんやり見える程度と言われ、赤ん坊が何かしら物を見ようとすると、抱かれて母乳を飲んでいる場所から母親の眼くらいまでの距離が最も見えやすいとされています。赤ん坊の視力からすると、人の顔が最も見つめやすく、人の顔が頭のなかに入ってきやすいということになります。見つめることや笑顔のような眼から眼への訴えは、人類の赤ん坊に特有の特徴であって、他の霊長類においては顕著には見られません。こうしたちょっとした動作から分かるように、人の赤ん坊は生き抜くための能力、特に親などの気持ちを察することができる能力やそれに基づいた行動パターンを持っていると考えられます。

赤ん坊の生後三カ月くらいから現れる笑顔は、人類の生き残り戦略の一つとも考えることができます。大きな脳を持ったことから出産時に母と子に大きな危険を抱えたため、かつては分娩をうまく乗り切るのが重要なことでした。生き残っていくことができなかった子どもも少なくなかったのです。こうしたとき、母親が最初から執着感とも言うべき愛情を注いでいたら、出産直後に子どもが死んでしまった場合には、その死を認めるのが非常につらいものとなるでしょう。誕生から三カ月を過ぎた人の赤ん坊は、生命が危険な状況をある程度乗り越えた時期にいます。この時期になって、赤ちゃんは周囲を意識して段々と笑顔を見せるようになっていきます。親にすれば、笑顔に比例するように愛情を注ぐことができるのです。人類は、時間をかけて子どもとの結び付き、絆を形成するように進化してきました。そして、子どもにはその絆を深めるような能力と行動パターンが備わっているのです。

コラム6

人と動物のよもやま話

母親を頼りにするチンパンジーの子ども

チンパンジーは、群れで生活しています。複数のオスとメス、子ども、赤ん坊など数十から百に及ぶ構成員がいますが、いくつかの集団に分かれたり、集団が集まったりしています。多くの場合、メスは、十歳ぐらいになると群れを出て、別の群れに入って生活します。逆に、オスは、成長してもそのまま残る傾向が強いので、父系社会として群れは成り立っていることになります。成人のオスは、行動圏を見回りするなどして、群れを安全に保っていく役割を果たしています。そのためか、群れ同士が遭遇することなどがあると、喧嘩をするなど群れと群れとの仲は良くありません。

繁殖は、群れの中での乱婚になります。力の強いオスが、交尾の機会も多い傾向があるようです。赤ん坊は、ヒトと同じように何もできない状態で誕生しますが、生まれると母親にしがみつき、行動をともにします。子どもは、少しずつ親から離れて行動するようになっていきますが、母親は常に注意をおこたりません。しかし、意外なことに、子どもが何をしているかについては興味がないようです。乳離れは五歳前後となりますが、その後も乳首に吸い付く姿が見られることも少なくありません。

乳離れした子どもであっても、その母親が死んでしまうと、生きていくことが難しくなる傾向があることが報告されています。母親だけが子育てをすることを反映しているのかもしれません。一方、動物園のチンパンジーにおいて、血のつながりのないメスが、子ども運ぶなど母親に協力した事例がありました。また、子どもが死んでしまったとき、母親は亡骸を持ち歩き、四、五日してやっと手放したことがありました。母親にとっては、生まれ落ちたときからそれまでの期間、子どもを離すことができなかったのです。

オランウータンの オス....

にているような.... イヤイヤイヤ...

＊オランウータンのオスの特徴＊

チンパンジーでは、オスとメスの違いは体の大きさのほかは顕著ではありませんが、オランウータンの場合は外見がかなり異なります。オスは成熟すると、目の周りに脂肪でできた「ほおだこ」が発達します。これはフランジとも呼ばれ、弱いオスでは発達しませんが、その弱いオスでも、強いオスがいなくなったときなどには発達していきます。

07 哺乳類の母親の苦労

子どもの世話をまったくしない動物の親も多いのですが、哺乳類では、子どもの面倒に多くの時間と労力を費やし、その大半を母親が行うことがほとんどです。哺乳類の特徴と言えば、もちろんその名のとおり授乳することです。母乳で育てられた赤ん坊は、免疫力が強くなって病気にかかりにくくなると言われています。しかし、授乳によって子どもに栄養を補給していく中で、母親の体からカルシウムをはじめとする相当量のミネラルを奪い取ることも事実で、母親は長期にわたる身体的な負担を強いられることになります。

自分自身の体を苦しめながらも母親が子どもに尽くすのは、基本的には生物としての種の保存ということができます。メスはオスよりも多くの時間とエネルギーを注ぎ込んで卵子をつくり出すため、交配によって受精した卵子に対してオスよりも強く一体感、親近感を抱くことになり、こうした感情を継続して持つことが多いと考えられます。メスは、生まれてきた子どもの世話を続けることをいとわないのです。さらに、オスとメスとの役割分担の結果として、メスが授乳することに特化してきたので、子どもが乳を必要な時期には、母親が専属的に関わり合うようになってきました。

人類の赤ん坊は、言葉によってコミュニケーションを図ることができません。そんな赤ん坊に接するとすれば、女性のほうが向いているとも考えられます。子どもにとっては、柔らかな肌の触れ合い、やさしい声の調子、体の動きの滑らかさ、気持ちを汲み取ってくれる機微さ、なだめ方のうまさなどにおいて、女性のほうが男性より勝っているのではないでしょうか。イルカウォッチングをしている漁師さんの話を聞く機会がありました。客にイルカを見せるために、これからイルカが来るであろうと思われる海のポイントに客を待機させて、その後はイルカ任せにするやり方です。すると、多くの場合、男性よりも女性のほうにイルカが寄って来た、ということです。安心感を与える、あるいは警戒感を与えないという点では、女性のほうが勝っています。感覚的なコミュニケーションという点では、女性は生得的な有利さを持っている可能性が高いと考えられます。女性は、最初に赤ん坊との結び付きを持つという点で、もともと有利な立場を占めています。だからといって、独占的に子育てに関わるべきということにはなりません。人が安心して子育てを行っていくには、父親の助けなどが大切なのです。

どのような種であれ、子育てするに当たっては、親と子どものそれぞれが生き抜いていかなくてはならないという状況があります。もし、親と子どものどちらかしか生き残れないという状況に置かれた場合、結局は、種の保全という原則が適用されるように行動が規定されてくることになります。いくつかの場面で、親は、自分の立場か子どもの立場か、どちらを優先すべきかということを選択しなくてはなりません。この場合、親は、子どもの生存を確保するために他のすべてを犠牲にするわけではありません。例えば、子どもが親離れする時期になると、独り立ちにはちょっと厳しくとも、親は子どもに威嚇的な行動をとるようになります。親が子どもの世話を最後までしなくとも、あるいは、少しぐらい手を抜いても、子どもが生きていくのに致命的な影響を与えることもないという選択です。種にとっては、親が致命的な打撃を受けてしまうより、そのまま生殖行動を続けていけることのほうが重要な事項なのです。変化し続ける環境の中で、子どもは、親の世話がなくては生存を続けることはできませんが、親は持っている限りの力のすべてを子どもにつぎ込んでしまっては、種にとって良いことではありません。親が死んでしまえば、子どもは生き残っていけませんから、親は状況に応じた対応を図る必要があります。ほとんど種において、子どもに対する親の反応は、子どもの成長と状況に合わせて変わっていきます。

人類が家族という形態で暮らし始めて以来、女性は子どもの世話や食事の準備を担ってきたばかりか、じつは食糧を調達することに関しても大きな役割を果たしてきました。現代社会の子育てにおいては、母親は、父親との協力関係を保ち、子どもの成長の段階に応じて適切な対応をとることができる存在であり続けることが求められています。そして、男性は、子育てに関わることによって、子どもとのつながりを強くし、家族との関わりをさらに強くできます。だからこそ、母親と同様の役割を担うことも期待されているのです。

コラム7　人と動物のよもやま話

個性的なジャイアントパンダの繁殖

日本に初めてジャイアントパンダが来たのは、一九七二年十月二十八日のことです。オスのカンカンとメスのランランの名は一躍有名になり、当時の新聞には、「二時間並んで見物五十秒」など一般公開日の見物の長い列を伝えた見出しが並びました。人気は今でも変わりありません。

ジャイアントパンダの生息地は、中国の南西部（四川省、陝西省、甘粛省）の標高二千〜三千メートル前後のタケを主体とした森林です。昼夜の別なく、単独行動をします。タケを主に食べますが、クマ科に分類されています。性成熟は、オスが六歳ぐらい、メスが四歳ぐらいからになります。繁殖期は二〜五月で、メスの発情期間は二週間近くありますが、そのうち受精が可能なのは数日間のみです。水浴びの増加、食欲減退、恋鳴き（頻繁にメェーに近い声で鳴く）などが発情の兆候です。単独行動ですので、野生では繁殖期になるとオスはメスの尿のにおいなどに惹かれて集まってきます。動物園では、鳴き交わしなどを見極めて、オスとメスを一緒にしますが、相性もあるようで、気に入らないと喧嘩別れしていまいます。そうなると、トラウマになって次回もうまくいかなくなりますので、喧嘩しないように気を配ります。

交尾がうまくいっても、出産日はよく分かりません。それは、着床遅延が起こる可能性があるからです。着床遅延とは、受精卵がすぐに着床しないで、しばらくの間、子宮内を浮遊し、それから着床、発育をしていく現象で、ほかにもイタチやアシカなどにも確認されています。したがって、妊娠期間は八十三～二百日と幅広いものとなっています。また、偽妊娠といって、排卵すると受精しなくとも行動などが妊娠した場合と同じようになる現象が現れることがあります。食欲減退、巣作り行動、乳房の腫脹など妊娠時の変化が見られても、妊娠したとは限りません。

赤ん坊は、十五センチほどで重さも約百五十グラムしかありませんが、生まれるとすぐに大きな鳴き声をあげます。その声を聞くと母親は、赤ん坊を口にくわえると胸に移し、その体を温め、乳を与えます。このように赤ん坊の発する一つのきっかけに反応して、母親が行動を開始し、子育ては始まっていきます。出産後一週間ほどは、飲まず食わずの状態で、赤ん坊の面倒をみています。一方、オスと言えば、交尾が終わってしまえば普段通りで、自分の子どもが生まれたことも知らないのです。

シャーッ
いつもたべているものと違うとテンションがあがる!

＊立って歩くジャイアントパンダ＊

動物園では、運動量が不足しがちです。さらに、交尾の姿勢を保つためにも筋力をつけておく必要があります。そのため、餌で釣って、運動をしてもらうように訓練します。餌は、好物のリンゴなどです。動物舎の仕切りの上に設けられたキャットウォークと呼ばれる狭い通路から、先端に餌を付けた棒を下に向けて突き出すと、これを目当てに近寄って来ますので、意地悪をするように少しずつ離して、歩くように促します。普通は5～6歩で餌にありつけることになります。

08
オスの役割は車の両輪

行動に関わる遺伝子は、自然淘汰の影響を受けています。子育てに関係する身体の構造や生理機能なども、遺伝として動物に組み込まれています。自然淘汰の結果は、最終的には種にもたらされますが、現実の場面では、一つ一つの個体に出現することになります。だから、自然淘汰は親と子、あるいは母親と父親の問題ともなってくるのです。

動物のオスとメスは、普通は、両者とも新しい相手を見つけて、異なる子どもをつくるほうが数の面でも、遺伝子の面でも子孫を増やすという点では有利になると考えられます。しかし、子どもが母親か父親のどちらかに育ててもらわないと生き残れない場合、子孫を残すためには、片方が世話することを引き受けざるを得なくなります。哺乳類のように体内受精の場合には、母親は、卵子をつくることから誕生に至るまでの一定の期間にわたって卵子の成長を支えています。父親に比べると、大きなエネルギーを子どもに注ぎ込んでいますから、生まれ落ちた子どもの成長に責任を持つのは母親になっていきます。逆に、父親にとっては子育てをすることは、新しい相手を見つけて、子どもを増やす機会を失うことを意味しています。

オスは子どもの面倒をみないという動物の一般的な傾向に対して、人類は異なる道を歩み、父親が積極的に子育てに関わるようになってきました。人の子どもを育てるとなると、非常に長い期間にわたって、食べ物の確保から始まって、住む場所の確保、外敵からの保護などを行っていかなければなりません。こうしたことをどちらかの親だけで行うのは、困難なのです。もし、こんな状況の中で、父親のオスが他の相手を新たに探しに行くことをすれば、せっかく生まれた自分の子どもを放棄する結果をもたらします。そのため、母親と子どもに食べ物を運んできたり、攻撃する者から守ったり、子どもに生き残り策を教えたりするなど、母親を助け協力して子育てすることが、父親にとって最も効果的に遺伝子を残すことになりました。

子育てにおける母親と父親の役割を決めるような要因は、生まれてくる子どもへのエネルギーのかけ方という理由以外にもあります。それは、授乳という行動です。哺乳類の約九割の種では、メスのみが子育てをしています。つまり、メスが単独で子どもを育てています。この場合、オスは、食べ物の確保や外敵からの防御といったことを一切行いませんし、自分の子どもが生まれたことにも気がつくこともないでしょう。残りの約一割の種では、オスも子育てを手伝います。こうした種にはオオカミやライオンなどが挙げられますが、この場合でもオスは授乳しないのが普通となっています。

しかし、オスが授乳する種も知られています。コウモリの一種は、オスでも乳腺が発達し、授乳していることが知られています。このように、いくつかの哺乳類のオスは、その乳量は少ないものの、授乳が可能となっています。オスが授乳しなければならない場合としては、複数の子どもが一度に生まれてメスの授乳が大きな負担となる場合などが考えられます。実は、体の機能という点では、オスも乳を分泌することは生理的に可能と言われています。人の父親であっても、生理的には授乳は可能だったのです。とは言っても、授乳しないのは、家族を守ることに徹するほうが効率的・効果的であったということと、授乳は母親が行うものという心理的な働きがあったからではないだろうか、とも言われています。

父親が積極的に子育てに関わるための要因がもう一つあります。それは、自分が親であることが確かかどうか、ということです。魚類のように体外受精を行うような種では、父親は自分だと明確に分かります。しかし、哺乳類のように体内受精を行う場合には、そうした確かさは低くなります。人類は、世界のほとんどの社会において、一組の男女（同性の場合もありますが）による長期にわたる性的なつながりを核とした関係、つまり婚姻という形を維持しようとします。そして、社会を構成する仲間は、婚姻を一種の契約とみなして、結婚をした二人が相互に協力し合うのが当然であると考えます。婚姻をした二人は、制度的、心理的な裏付けのもとに、二人の間にできた子どもを自分たちの子どもとすると同時に、父親はその子が自分の子どもであることを認識するのです。こうした制度的な措置によって、人の父親は、自分が父親であることの確かさをさらに強固にしています。

人類においては、子ども、とりわけ幼児に対しては、親としての男性は、経済的な支えによって家庭を守るといったいわば間接的な役割しか果たすことができません。しかし、子どもが社会で生きていくための能力が安定するのに、二十年近くの期間が必要であることを考えると、母親を助けるという父親の存在がなければ、こうした子育ては不可能でした。父親には、母親と同様に、子どもの成長の段階に応じて適切な対応をとることができる存在であり続けることが求められています。

コラム 8

人と動物のよもやま話

仲間が乳を与えるワオキツネザル

　ワオキツネザルは、アフリカ大陸の南東のマダガスカル島に生息しています。輪尾狐猿の名が示すように、黒と白の輪を順番に重ねたようなふっくらとした長い尾を持っているマダガスカルの固有種です。普段は数頭から二十頭ほどの集団で暮らしています。昼行性で、地上にいることも多いのですが、主に葉や果実を食べています。朝と夕方に活動が活発になり、昼は木陰で休み、夜は数頭が寄り添って眠るというような生活をしています。また、群れの中でメスにははっきりとしたランクがあり、食事などもオスよりも優先権を持っています。一方、オスのランクは不明確で順番もしばしば変わります。こうした姿は動物園でも見ることができ、順位が入れ替わって最下位となったオスが、メスに追いかけられて、毛をむしられたりもしています。なわばりなどを争って喧嘩をするのも、オスではなくメスなのです。

　ワオキツネザルは、水が大の苦手ですので、動物園では飼育場所の周りを水路などで囲っ

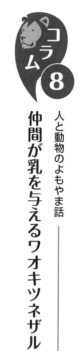

て脱出防止を行います。しかし、あるとき、前年に生まれた一頭が飼育場所から脱出したことがありました。鍵は、太く長い後ろ足の跳躍力でした。そして、短い爪をたてて、壁にしがみついていたのです。おぼれた個体を救出することを経験していましたので、予想外の出来事でした。それ以降、電柵（ショックと学習効果を目的とした電線を張った柵）が強化されたのは言うまでもありません。実は、メス同士の喧嘩も、足での蹴り合いが多いのです。

日本で飼育されているワオキツネザルでは、多くの場合、三月頃に一頭の子ども産みます。ある年、三頭がそれぞれ一頭の子どもを産んだことがありました。そのうちの一頭は、子育てに気がのらないようで、なかなか子どもを抱こうとしませんでした。すると、他の二頭が奪い合ってその子に乳を与え始めたのです。しかし、二頭の授乳が頻繁に入れ替わるため、逆に、授乳時間が短くなって子どもの発育が遅くなるのではないかという心配がありました。

＊ワオキツネザルの母親と子ども＊

冷え込んだ朝など、ワオキツネザルが体温調節のため、両手を広げでお腹を太陽に向けて陽を浴びている姿を度々見ることがあるます。こちらも太陽の恩恵を感じる瞬間です。母親は子どもが小さいうちは、背中や腹にしがみついていますので、こうしたことも難しくなります。誕生したばかりの子には尾に毛がありませんが、１週間もするとうっすらと縞模様が現れてきます。

09
親と子の絆

子育てをする動物において、親と子どもがどのように結び付いていくかは、種によってさまざまです。親と子どもの絆は、単に子どもを保護するというだけではなく、食べ物、安らぎ、保温、教育、運搬など、さまざまな行動にわたっています。

子育てをする親は、子どもの世話をするように進化してきましたが、子どもの居場所がはっきりしていないと子育てはできません。この居場所のあり方が、親子の絆をつくるうえで大きな影響を与えてきました。鳥類のように巣作りをする種にとっては、子どもの居場所は巣の中であり、親は巣のあり場所が分かればよいので、ほとんどの場合、特に絆を形成させる必然性はないことになります。しかし、移動する動物や集団で暮らしている動物では、親が子どもの居場所を確認するのは容易ではない場合が多くなります。この状況を克服する手段が絆であると考えられるのです。したがって、すべての種に親と子の絆が見られるわけではありません。また、絆を持つ種の母親は、子どもであればどの子とでも絆を形成しているわけではなく、母親とその子どもの間に特有の絆が形成されています。

哺乳類であるサルの仲間や有蹄類であるヒツジなどでは、絆が見らます。ヒツジの母親は、子どもが生まれた直後に子どもをなめまわします。このようにして、親は子どもを味覚や嗅覚によって覚え、自分の子ども以外の子ヒツジは受け入れなくなります。また、絆は、味覚や嗅覚以外にも、触覚、聴覚、視覚などによっても形成されています。鳥類では、例えばムクドリのヒナは、親が巣から離れている間は鳴き声もあげず静かにしています。このように、独り立ちするまで巣から出られない鳥は、天敵に見つからないように騒ぎ立てないほうが良いということになります。それに対してアヒルは、子どもは大きな声で鳴き、この声に反応して親はヒナのもとに戻ることがあります。生まれてすぐに母親について歩けるような活動的な鳥については、声をあげて危険を知らせる必要があるのでしょう。絆は、必要があるという状況に応じて形成されます。さらに、時間の経過とともに変化し、消滅することもあります。

親と子どもとの間の絆が形成される動物では、絆が必要な時期にそれが断ち切られてしまうと、その子どもは、異常な行動をとるようになることが報告されています。チンパンジーの場合では、元気をなくしてしまうほか、極端な場合には死に至ることもあると言われています。ヒツジでも、群れに入って生活していくための社会的な行動が阻害されてしまいます。ジャイアントパンダの子どもは一年半から二年位の間を母親と過ごしますが、動物園などで早い時期に母親と子どもを分離してしまいますと、その子どもは（特にオスですが）、自然交配などが難しくなってしまいます。このように、絆は、子どもが一人前に生活していくうえで必要とされるものを、親に世話してもらうことによって確保していくための方法とも考えられます。絆を確保する際に大切なのは、親と子どもの双方が発信するメッセージ（においい、態度などを含めて）を、お互いに読み取ることができることです。その能力がある動物は、自然淘汰の過程で生き残っていくのに非常に有利となります。

人類は、親子の絆を最も強く進化させてきた動物です。その絆は、愛情と呼ばれるような感情に進化してきました。さらに、人類は、どんな赤ん坊であろうとも思いやるという感情と志向性をも獲得してきたのです。

コラム9　人と動物のよもやま話

糞でつながるコアラの子育て

動物園で見るコアラは、ほとんど寝ています。一日のうち二十時間近くが休息や睡眠で、残りの時間が移動や食事に割かれますが、活動するのは主に日の出、日の入りの時間帯です。向かい合っている指があるため、木の枝などを掴むことが可能で、ほとんどは木の上で生活しています。寝てばかりのイメージがあり、動作も鈍そうですが、動物園などでは、餌を目指して木の枝を素早く動く姿を見ることもあります。

食べ物はユーカリです。進化の過程で、コアラは腸を長くするなどして、身の回りにふんだんにあるユーカリを食べるようになったと考えられます。栄養価は低く消化しにくいユーカリを食べているため、そんなに活発には動かないし、無駄な動きもしないのです。また、水分も栄養分とともにユーカリから摂取しています。

コアラのメスは、二つの乳首がある育児嚢を持っていますが、これは、カンガルーなどとは異なり、下向きについています。生まれた子どもは、約半年間、この育児嚢の中で育ちます。離乳食の時期になると、子どもは育児嚢から顔を出して、母親の肛門を刺激します。こうすると、母親はパップと呼ばれる未消化の糞、つまり盲腸でつくられる半消化状態のユーカリを出し、それを子どもが食べるのです。パップによって、子どもはユーカリを消化する微生物を渡されるとともに、数百種もあるユーカリのうちで、何を食べればよいかを教えてもらうことになるのです。育児嚢が下向きについているのも、そのほうが子どもは離乳食を食べやすいため、と考えられています。

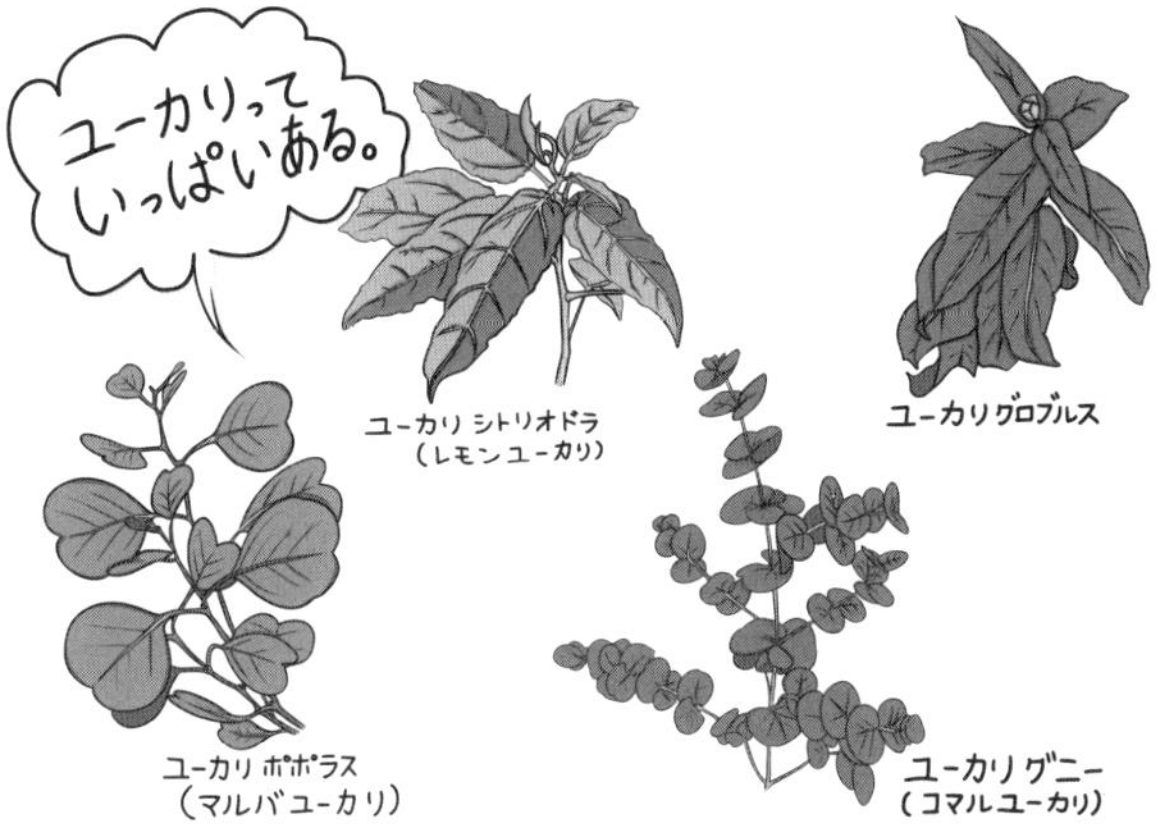

＊ユーカリの葉＊

ユーカリは、主にオーストラリアに生育する木で、その葉から採取できるユーカリ油は、殺菌や鎮痛などの作用があると言われ医療品などによく用いられています。成長が速いため、日本でも緑化のために植えられた時期がありますが、最近では園芸用の品種も見られるようになってきました。しかし、栄養価は低く消化もしにくいので、食べる動物はほとんどいません。

10 核家族は人類の動物的な特徴

現代の小単位の家族は核家族とも呼ばれています。核家族とは、夫婦と未婚の子どもという家族であり、今日では多くの場合、核家族によって家庭が営まれています。核家族は、最小の単位ですし、そのため最も強固なつながりとなっています。核家族においては、夫と妻、父と息子、父と娘、母と息子、母と娘、兄と弟、姉と妹、兄と妹、姉と弟などの関係が形成され、これらがさまざまな形で結び付いています。

地球上に約四千三百種いると言われる哺乳類においては、ほとんどは核家族をつくりません。オスとメスは単独で生活し、発情期、つまり交尾が必要なときにだけ出会うことによって、生殖を行っていきます。オオカミ、ライオン、チンパンジー、ニホンザルなどは集団で生活する動物ですが、群れの構成員がつがいになって核家族をつくることはありません。ゴリラは、オスと数頭のメスとその子どもという家族をつくりますが、その家族内で生きていくための活動はほとんど完結していて、他の家族との結び付きはまったくありません。つまり、ゴリラは、種として集団をつくって協力し合うということはないのです。しかし、人類は他の動物とまったく異なっています。人類の特徴は、集団（社会）と家族（家庭）という二重のつながりを保って、コミュニケーションをとり、協力し合っていることにあります。

核家族は、動物的な役割を基礎として成立していますが、現代の社会においては、同時に経済的な役割も担っています。動物的な役割においては、性的な欲求を満たすためというばかりではなく、潤滑油のように社会を安定させる働きをするようにもなっています。例えば、婚姻においては、二人の人間が一緒に暮らすということが社会的に認知されるばかりではなく、多くの場合には子どもを産むための準備ができていることを暗黙のうちに承認されることも示しています。その結果、婚姻という制度は、家族の構成員に心理的な安定感を与えるように作用します。また、同棲にしても、社会に問題なく受け入れられる度合いは文化的な影響を受けますが、家族の構成員が社会の中で問題なく暮らせるようにという核家族的な役割も期待されているのです。動物的な役割のうち、種にとって最も重要なのは、子孫を残していくことであり、この状況にあっては、父親と母親は、将来の社会の構成員となる子どもを育てなければなりません。

経済的な役割とは、基本的には、家族の持つ動物的な役割を支えるための手段として捉えることが可能です。家庭における最も基本的な行動は、二人で行う食事と居住の確保です。現代社会においては、食事の確保などを労働という過程を通じて得ることになります。一方、労働は、社会に貢献する結果をもたらし、こうしたことが循環していくことによって、社会と家庭が強固なものとなっていくのです。

婚姻は、社会によって認められた制度というよりは、むしろ、種としての生存を確かなものにするために、一夫一婦へと向かう傾向を持っていた人類の行動様式を制度化したものと捉えるのが適切かもしれません。核家族は、生まれてくる子どもの世話を問題なく進めていくために、一組の男女の絆をもとにして形成されたものとして捉えられます。そして、血縁を持つ核家族同士のつながりが家族を形成しているのです。オスとメスで一夫一婦のつがいを構成している動物は、それを選択をしたというよりは、そうすることが最も効率的であるという状況に対応して、一夫一婦という結び付きを維持するようになったと言えるでしょう。

コラム10

人と動物のよもやま話

生き物の宿命である生物多様性

生物多様性とは生き物の基本的な性格です。世界には数えきれないくらいの生き物が生きています。それらはみな違いますが、生態系というつながりと関係性の中で、世界をつくり上げています。私たちは、生き物という食べ物がなくては生きていきません。そればかりか、衣類や燃料までも他の生物の成果を利用させてもらっています。私たちが生きていけるのも、生物多様性という生き物の違いによってなのです。生物多様性とは、生物界において生じる変異と定義することもできます。現在の世界を構成する生き物が出現するのに、つまり、この変異が生じるには四十億年かかっています。すべての生物は、環境にあわせて独特の形態などを獲得して進化してきました。それが変異をもたらしたのです。

生物多様性を考える場合には、多様性をいくつかのレベルに分けて把握していくことが可能です。最も分かりやすいのが、種というレベルです。種とは同じような特徴を持ち同種の

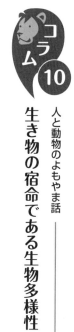

他の構成員と繁殖ができる個体から成り立っています。種の多様性は、一定の地域に生息、生育する種の数などによって把握することができます。しかし、私たちは、今生き残っている種のうちの一割程度を知っているにすぎないと言われています。固有種、別の言葉で言えば、世界的に見て非常に狭い地域に限られている種についても重要です。もし、その地域の個体が全部消滅したならば、種そのものが消滅したことになるからです。

遺伝子の多様性は、各々の生き物に本来備わっている遺伝子の多様性です。これは農業分野において顕著に見ることができます。人による選別と種の持つ性質の変化によって、農業は進歩し向上してきました。現在、かつて種子が蒔かれ栽培されていた種のうち三十種だけが食物の九十パーセントを独占しています。さらに、私たちが常食している食物の五十パーセントは、コムギ、コメ、トウモロコシで占められている、と言われています。こうした特定の種の活用は、他の多くの種の喪失につながっています。生物多様性は、農業生産物を維持していくうえで非常に重要です。それは、多様性が殺虫剤や病原菌の負の影響を減少させ、こうした道を開いておけば、人類が将来の気候や変化などに対処できるからです。

少し視野を広げて、生態系の多様性があります。これは、生態系間の変異を意味しています。生態系は、一定の範囲の中で他に比べて動態的で自立的なシステムで、自然界における生物群集と物理的な環境から成り立っています。また、エネルギーと物質が生物間で交換されるくくりともなっています。具体的には、陸上では、湿原、落葉樹林、牧草地、砂漠、熱帯雨林などが挙げられます。

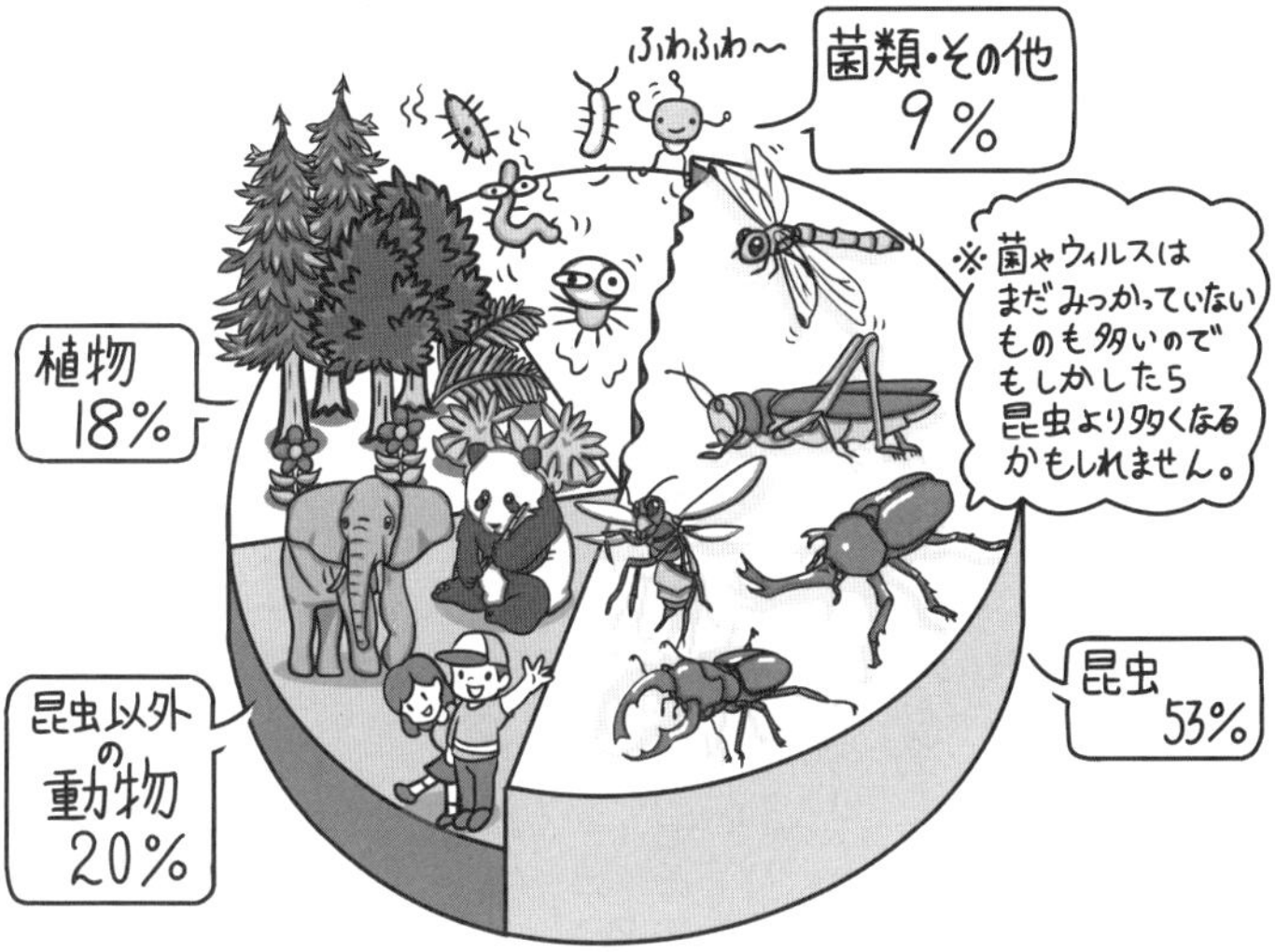

＊生き物の種類＊

現在、知られている生き物のうち、最も多いのは昆虫です。しかし、菌類や細菌などで発見されていないものも非常に多いと言われています。昆虫では、カブトムシやホタルなどの仲間、ハチやアリの仲間、チョウやガの仲間でその半分を占めています。高等植物では、種子植物で双子葉類と呼ばれる普段見かけている植物が大半です。一方、コムギ、コメ、トウモロコシは単子葉類に分類されています。

11
繰り返される二つの家族

核家族は、父親と母親、その子どもから成り立っています。これを年齢構成から見ると、親の世代と子ども世代からできていることが分かります。子どもの視点からは、家族とは、両親、あるいは両親とその兄弟姉妹からできています。この場合、核家族は、子ども自身を社会的な存在にするために行動する血縁関係の集団として捉えられます。一方、親の視点からは、核家族とは子どもを育て社会で独り立ちさせるように配偶者とともに行動する家族です。そして、子どもが社会的に独立し新しい家庭を持つと、父親と母親としての役割は薄れ、配偶者がお互いに助け合って過ごす家族となります。

家庭で育てられる子どもは、家庭を選ぶこともできない選択の余地のない運命的な偶然によって誕生しますし、その家庭が置かれている社会状況の中で両親などの世話を受けて成長をします。それに対して、家族の構成員である両親は、どのような家庭を築くか、どのような相手と一緒になるかなど、ある程度の選択を重ねた結果、家族を形成するに至っています。

ある個人は、家庭の中で生まれ育ち、そして結婚して新しい家庭をつくり、新しい家族関係を形づくります。このように、普通は一生の間に性格の異なる家庭を経験するとともに、家族関係を拡大させていくことになります。重要なことは、こうした家族の継続を通じて文化的なものが伝えられていくことです。動物にとって、文化的な要素が伝えられていくことは、生存にとって有利に働きます。ニホンザルの若い個体が、サツマイモについた砂を洗い落したり、砂と混ざっているムギを水に入れてムギだけをすくい取ったりしたときに、そうした行動が群れの仲間たちに伝わっていきました。人においては、文化の伝搬が家庭や学校など組織によって行われる傾向が強くなっています。しかし、日常生活が営まれている家庭においてこそ、行動の知恵を最もよく伝えることができるのです。

コラム 11

人と動物のよもやま話

幼い頃の学習が大切なオランウータン

オランウータンは、東南アジアのボルネオ島とスマトラ島の熱帯林に生息する大型類人猿です。オランウータンは、マレー語の森（ウータン）の人（オラン）という意味のとおり、樹上で生活しています。また、家族や社会をもたず、普段は単独で暮らしています。果実が主な食べ物で、ドリアン、マンゴスチン、イチジクなどを好み、若葉や鳥の卵なども食べています。動物園のメスの個体に整腸剤を与えたことがありましたが、その次は自分で封を切って飲み、ねだるようにもなったのです。これは、整腸剤が少し甘かったためで、逆に、苦い錠剤に対しては拒絶反応を見せることが大半でした。個体差があるかもしれませんが、甘いシロップなども飲みますので、甘いもの好きのようです。

メスは、普通、五年ぐらいの間隔で子ども一頭を産みます。子育てはメスのみで行いますが、その期間は七年ほどで、ゴリラやチンパンジーなどと比べると長い養育期間となっています。この間、母親から、何が食べることができるか、栄養のあるのはどれか、毒のあるのはどれか、巣はどのようにつくるか、安全に移動するにはどのような枝を選べばよいか、などを学んでいきます。動物園で子どもが誕生したときのことです。五カ月ほど経つと乳歯が生え、母親の食べている物を欲しがるようになりました。最初、母親は、自分の食べかけたミカンの皮などを子どもの口に入れているだけで、食事に専念していました。しかし、そのうちに自分が食べた物を細かくして分けるようになったのです。

ボルネオ島などのオランウータンのリハビリテーション・センターでは、ペットとして飼われていたり、親が死んでしまって一人になってしまったりしたオランウータンを訓練して野生に戻すことを行っています。小さい頃に親と別れてしまったので、親からの教育を受けていません。そのためか、多くの個体は、森の中で暮らしていても、食事の時間になると、人が果物を用意した場所に食べに来ていました。動物にとって、子どもが小さいときに行う学習が大切であることが分かります。

＊オランウータンの綱渡り＊

オランウータンは、ぶら下がりながら木々を移動していきますが、慎重派で、隣の木の枝にしっかりつかまらないと渡りません。動物園で、ロープを伝って移動ができるような施設をつくったときのことです。最初に渡ったのは、当時、３歳の子どもでした。そして、その子を追うように母親とおばあさんがついていきましたが、おばあさんは、戻るのにかなり時間がかかってしまいました。

12 現代社会における家族

人類において、血縁関係にない個体が互いに助け合うという傾向が進化してきたのは、長命であること、それぞれの個体がお互いを識別できること、一生のうちその大部分を同じ場所で過ごすことといった条件が満たされていた、と考えられることができます。この条件がある程度は満たされた暮らし方が、いわゆる農耕社会で営まれてきたのです。そこでは、土地に結び付いて家族は暮らし、生産と消費が行われていました。しかし近代に入ると、こうした伝統的な社会は一掃されてしまいます。

現代の社会の特質をいくつか挙げることができます。最も大きなものは、人の活動が石油を中心としたエネルギーに全面的に依存されるようになってきたことです。以前は、馬車などに代表されるように、生き物が人の活動の手助けをしていたのです。今日では、電気のない生活は考えられません。また、生活のあらゆる分野において、コンピューターによる制御を頼りにするようになってきました。そして、そこには動力源として電気があるのです。これに付随して起きてきた現象が、人が行うすべての活動における変動の速さです。道路の掘削を見ても、人力に頼ることはほとんどありません。過酷な労働などしなくともブルドーザーなどが代替してくれるのですが、その本質は、力の大きさというよりも速さにあります。情報にしても、コンピューターを使用することによって、世界中にあっという間に広まっていきます。ここに現われるのが、世界中への変化の広がりというもう一つの特質でしょう。こうした現代の特質を典型的に示しているのが、私たちが日常を過ごしている都市的な生活なのです。

現代の社会における家族も変質してきました。家族構成が核家族化したのはもちろんのこと、家族の構成員が減少するという状況をもたらしています。家庭の役割の面においても、生産は企業に、教育は学校に、生活の保障は国家制度に、というように外部に機能を分散する傾向が顕著になってきました。依然として家庭に残されている機能としては、家族の構成員が社会から受けるストレスなどの刺激を緩和し活力を維持できるようにする役目、家族の構成員が働くこととなった企業などによって生産された物の消費、夫婦関係あるいは親子関係といった絆を基本とした情緒的な拠り所、などが挙げられます。

しかし、現代の生活において、どのように家庭が変質しようと、最も大切なことは、生き物としての人が将来にわたって生き続けていくことであり、そのためにも、物質的にだけでなく、精神的にも豊かな生活を営んでいくことが重要です。

コラム12

人と動物のよもやま話

核家族を支える都市生活

現代では、多くの人が都市に住んでいます。世界では半数以上が、また日本においては九割以上が都市生活をしていると言われています。都市に暮らすこととは、都市に住む人たちが増えていくことだけでなく、都市的な生活様式・考え方・価値観が拡散し浸透していくことも意味しています。今、農村と呼ばれる地域においても、自給自足の生活は成り立たなくなってきています。ある程度の生産物は自分でまかなうことができても、日用品の多くは、商店やコンビニエンスストアで購入しなくてはなりません。移動や運搬に欠かせない自動車も必需品になってきたのです。こうしたことも、都市的生活様式の拡散と言えるでしょう。こうした都市的な生活は、核家族を支えているとも言えます。

私たちが暮らす都市では、生活に必要なエネルギーなどを外部から導入しています。消費、生産、移動などの人の活動には、自然的（日射、風力など）あるいは人為的（電力、燃料、有機物など）なエネルギーが必要です。都市生活で使われたエネルギーは最終的に熱として放出されます。さらに、自然界から資源をとり出して、人間の生活に必要な物やサービスを生産して、それを使い、消費します。そうした過程で発生する廃棄物は、多くの場合、燃やして熱として排出するか自然界に捨ててしまいます。都市は、物質とエネルギーを取り入れて、別の形にして外に出す一つの生態系的なものとも考えられます。しかし、自然の資源に依存して成り立っていることには間違いありません。

現代の都市は、人のつくった文化の集積としても捉えることが可能です。だから、魅力と吸引力があり、人が集中します。そして、都市が大きくなればなるほど、それを制御する必要が出てきます。都市は、人が発展させてきたテクノロジーを社会統制技術として適用する場にもなっています。私たちが何気なく使っている電気にしても、都市に生活する人が増えるにしたがって、過不足がないように制御しなくてはなりません。水やガス、廃棄物も同様です。だから、家庭において資源の無駄遣いをしないようにすることも重要なのです。

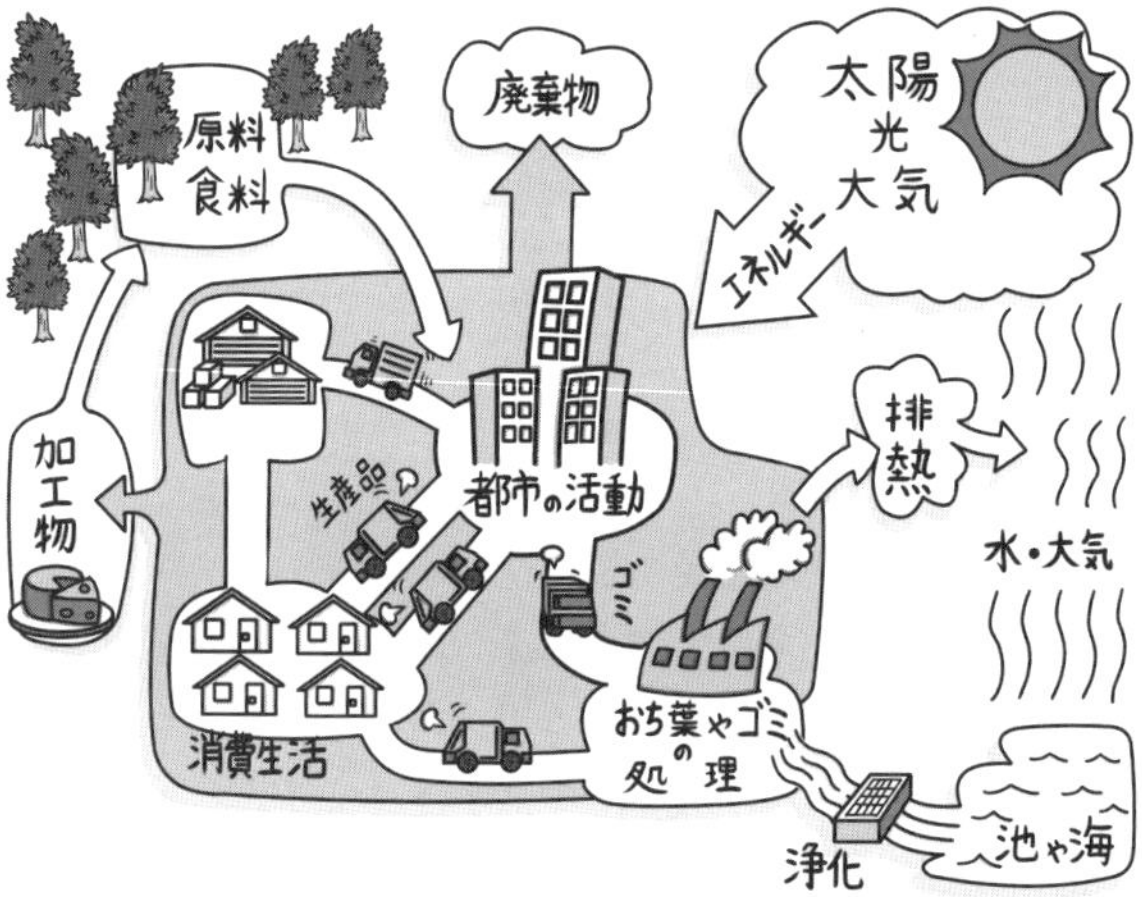

＊都市生態系＊

都市は、一種の生態系として捉えることが可能です。自然界から、光、空気、水などを取り入れ、最終的には熱などの形にして排出します。都市は、自然界から奪い取るようにして得た絶え間ないエネルギーの流入によって成り立っているのです。都市で生活する上で、エネルギーの消費のあり方も考える必要があるのではないでしょうか。

第2章 家庭における教育

01 動物の学習

動物の学習とは、一般的に、動物が環境から情報を得る過程を指しています。また、学習行動とは、動物が生まれた後に、生息環境の中で新たに獲得した経験あるいは記憶に基づいた行動のことであり、個体に限られた行動です。一方、遺伝的に組み込まれた行動は生得的行動と呼ばれています。動物の行動は、生得的行動を基礎にして学習によって実際の動きになっていきます。つまり、生得的行動と学習によって得ることになった行動は、簡単に分けられるものではありません。

鳥は、学習によって得たさえずりによって情報を伝達し合います。また、キジのヒナは、最初は頭上を横切るすべての影に反応しますが、学習によって猛禽類の影のみに警戒するようになると言われています。ニホンザルに見られる、イモを洗って食べる、温泉に入るなどの行動は、学習による行動です。このように、ある程度成長した動物が、環境に適応して生き残っていくためには、一定の情報を持っていなければなりませんが、この情報を入手する方法の一つが学習であると考えられます。

学習のうち最も単純で、普通に見られるものが「慣れ」と呼ばれるものです。寝ているイヌの近くで大きな音をたてると、イヌは目を覚まし周囲を確認しますが、時間を少しおきながら音をたてることを繰り返すと、イヌは反応を示さなくなります。動物園で飼育されている動物も、初めて運動場に出したときには多くの来園者に警戒しますが、しばらくすると驚かなくなります。イソップ寓話には、「オオカミが来た！」を繰り返すうちに、信用をなくしてしまう「オオカミ少年」の話がありますが、慣れの一端を象徴的に示しています。このように、一定の刺激が繰り返されると、それに対する反応が段々と衰えていくのが慣れで、すべての動物に見ることができます。「慣れ」がないとすると、生きていくうえで不必要で重要性もない刺激に常に対応しなければならなくなります。私たちを含めて、動物が重要なことだけに集中できるように、慣れがあるのです。

パブロフの実験で有名となった「条件付け」と呼ばれる行動もあります。イヌに食事を与えるときにベルを鳴らすことを続けていくと、イヌはベルの音を聞いただけで唾液を分泌するようになります。この場合、食べ物を口にすると唾液が出るのは普通にあることなので、食べ物を無条件刺激と呼びます。一方、音は、もともと唾液の分泌とは無関係ですが、音が食べ物とが組み合わさって唾液の分泌という反応が生まれたことから、音を条件刺激と呼びます。このように、無条件刺激と条件刺激が一緒になることによって新しい反応が生まれることを条件反射と言い、条件反射が形成されることを条件付けと言います。箱の中のレバーを動かすと餌が出てくるようにして、ネズミを入れると、偶然にレバーを押して餌にありつくことができます。これを繰り返していくと、ネズミは、空腹になるとレバーを押すようになります。これも条件付けです。

条件付けに似ていますが、特定の反応をすると報酬あるいは罰を受けることから生じる「試行錯誤」と呼ばれる学習もあります。ネズミを迷路がつくられた箱に入れ、到達場所に置いた餌にたどり着くようにすると、ネズミは、行ったり来たりしながら、最終的に各交差点を学習して餌の場所にたどり着きます。条件付けと異なっているのは、交差点を選ぶこと（刺激）と行動（行ったり来たりしてたどり着くこと）が、餌が得られること（報酬）に先立って行われることにあります。この場合には、報酬を得るために何に反応すべきかを、動物は自ら見つけ出す必要があるのです。カラスは、クルミの実などを割るために、落下させたり、自動車が通る所に置いたりすることがありますが、何をどの場所に置けばうまくいくということを学習したうえで行っていると考えられます。これも試行錯誤であり、自然界では餌を探したり獲物を狩ったりする行動に見ることができます。また、カラスの行動からは、道具を使用することができることが分かります。そして、道具を使うことができるのは、カラスだけにとどまりません。

コラム13 人と動物のよもやま話

なわばりは学習の成果

動物には、食べ物を得たり、休んだりする、生活をする空間が必要です。特に定住する動物は、それぞれの種が生きていくために必要な一定の範囲の空間を持っています。「なわばり」という言葉をよく聞くと思います。なわばりとは、単独あるいは群れの動物が、他の動物の侵入を攻撃や威嚇などの方法によって防ぎ、占有する空間のことを言います。また、行動圏と呼ばれる空間がありますが、これは、単独個体あるいは群れが、採食などのために日常的に行動している空間を指しています。なわばりと行動圏は、一致する場合もありますが、普通は行動圏のほうが広くなります。なわばりや行動圏は、学習に基づいた行動の範囲と考えられます。

動物園で新しいホッキョクグマの運動場を作ったときのことです。オスの個体は、運動場に入ると、そこから十メートルほどの中を行ったり来たりして、それ以上には行こうとはしませんでしたが、十分ほど経つとプールに飛び込んで、その日は終了となりました。場所に慣れてきたのはその後です。別の機会に、メスを運動場に入れました。すると、穴のようになっている場所を熱心にのぞき込んでいたかと思えば、他の場所のにおいを嗅いだりして、すべての場所を隅から隅まで見回るような行動をとったのです。最後は、電柵（ショックと学習効果を目的とした電線を張った柵）まで触って、声を出して飛んで逃げることになりました。おなじ種でも個性が違うことが分かります。

動物は、自分の住んでいる場所をくまなく探索することによって、生き残りに必要な水場とか、安全に移動する経路とかを、学習しているのです。動物の頭の中には、地図のような記憶が形成されているのではないかと考えられます。

＊人のなわばり＊

かつて商家の帳場には、高さ 30㎝ほどの木の枠が置かれていました。誰でも跳び越えることができるのですが、用がない者が近づくことは許されませんでした。この木の枠が結界で、内外とか聖俗とかいった空間を分ける装置です。現在でも、暖簾や神社の鳥居などは、結界の意味を持っています。これらは、人がつくった文化的な一種のなわばりと考えることもできます。

02 学習が不可欠な霊長類の子ども

哺乳類における繁殖の形態は、食性から見て、大きく二つに分けられます。一つは動物の捕食者、つまり肉食動物であり、多くの場合、まだ眼が開いていない、すぐ歩けないような子どもを産みます。もう一つは被捕食者、つまり草食動物です。草食動物は、生まれてすぐに立って歩く子どもを産み、その子どもは、敵を発見するための視聴覚、敵から逃れることのできる脚力などを短期間のうちに持たなければなりません。このように、ほとんどの肉食動物は、成熟が遅い時期になる子どもを産むのに対して、草食動物は、成熟が早い時期にくる子どもを産むことが多いのです。

霊長類の子どもは、肉食動物と草食動物の子どもが持つ特質の両方を持って生まれてきます。生まれ落ちたときにはまったく無力であることがほとんどで、自力では歩くことも身動きもできないのですが、たいていは、目と耳の機能は発達しているとともに、母親にしっかりとしがみつくようになっています。霊長類はもともと樹上生活をしてきた動物ですから、赤ん坊は、木の上で母親と行動をともにできるような生き残り方法を進化させなければならなかったのです。さらに、樹上や場合によっては下りていかなくてはならない地表といった周囲の環境の中で暮らしていくためには、生得的行動とともに、環境に適宜対応していくことができるように柔軟な学習行動が重要になった、と考えられます。

学習、つまり環境から情報を得る過程は、一つの個体の経験ですが、この経験が他の個体や新たな世代に伝えられていきます。これも、他の個体などにとっては学習です。こうして学習は、集団にとって、さまざまな情報を活かしていく唯一の手段となったのです。学習を通して、成熟が遅い時期に来る子どもの脳は、環境が有している子どもが関わらざるを得ない豊富な情報によって、さらに発達していくことになります。そして、学習を生存に活かすとともに、次世代に伝えていくことを可能とする行動によって、こうした動物は、たえず変わっていく環境、あるいはその脅威に柔軟に対応することができ、生き残りをより有利に進めていけるようになりました。人類に最も近い種であるチンパンジーの脳は、出生時においては大人の二分の一程度です。また、人の赤ん坊の脳は大人の四分の一程度に過ぎません。脳は、現実の環境に適応し成長していく過程において、残りを形成するのです。脳の成長に対して、学習が果たす役割は少なくありません。

コラム14

人と動物のよもやま話

道具を利用するチンパンジー

チンパンジーは、手先が器用で、うまく道具を使って暮らしに役立てています。シロアリの塚（巣）に木の枝を差し込んで、枝に絡みついてきたシロアリを食べること、かたくて歯が立たない実を、石を土台とハンマーにして割ることなどが知られています。こうした行動は、群れによって違いがあることから、学習の成果だと分かります。動物園でも、擬岩でアリ塚をつくり、中にジュースを入れて、穴から枝を差し込めばなめることができるようにしました。チンパンジーは、枝を穴に差し込んでジュースをなめますが、枝の先を歯で噛んでほうき状にして、より多くのジュースが得られるようにもしているのです。また、木の実を割る行動を引き出すために、石の叩き台と鉄のハンマーを用意しました。手に入れやすいマカデミアナッツを与えるのですが、中身をつぶさないように器用に割っています。力を加減するという能力も持っているのです。

さらに、チンパンジーの能力を見てもらうために、ジュースの自動販売機も設置しました。こうしたことが得意だろうと思われた個体に、硬貨を入れればジュースが出るのだということを知ってもらうことから始めましたが、そのために硬貨の投入口の工夫などもしなければなりませんでした。試行錯誤の結果、硬貨をもらって、投入口に入れ、ボタンを押して、ジュース缶を手に入れることができるようになりました。しかし、この行動は、群れ全体に伝わっていったわけではありません。硬貨の投入口とジュース缶が出てくる箇所は少し離れています。硬貨を入れるのを見計らって、横からジュースを横取りする個体も現れたのです。なんと楽をして手に入れる知恵を働かせたのです。人と同じように、ちょっとずるがしこい行動をする個体がいることも分かりました。

＊自動販売機を使うチンパンジー＊

チンパンジーは、私たちと最も近縁の動物です。共通の祖先から枝分かれしたのが約 700 万年前と言われています。動物園では、チンパンジーの能力が発揮できるようなさまざまな仕掛けをつくってきましたが、それがうまくいってきたのは、基本的には、チンパンジーの好奇心と学習能力、そして実行力があったからです。

03 教育とは何か

子どもがいる家庭において、教育は非常に大切です。しかし、教育という言葉は、普段何気なく使われているわりには、定義を説明するのは難しい用語なのではないでしょうか。教育基本法には教育の定義はされていませんが、その目的として「人格の完成を目指し、平和で民主的な国家及び社会の形成者として必要な資質を備えた心身ともに健康な国民の育成を期して行わなければならない。」とされています。これを大きく括ると、人格を完成させるもの、社会の形成者を育成するもの、として教育を捉えている、と考えられます。

また、法で教育の目標とされているのは、次の五つとなっています。

㈠幅広い知識と教養を身に付け、真理を求める態度を養い、豊かな情操と道徳心を培うとともに、健やかな身体を養うこと。

㈡個人の価値を尊重して、その能力を伸ばし、創造性を培い、自主及び自律の精神を養うとともに、職業及び生活との関連を重視し、勤労を重んずる態度を養うこと。

㈢正義と責任、男女の平等、自他の敬愛と協力を重んずるとともに、公共の精神に基づき、主体的に社会の形成に参画し、その発展に寄与する態度を養うこと。

㈣生命を尊び、自然を大切にし、環境の保全に寄与する態度を養うこと。

㈤伝統と文化を尊重し、それらをはぐくんできた我が国と郷土を愛するとともに、他国を尊重し、国際社会の平和と発展に寄与する態度を養うこと。


この考え方の基礎になっているのは、やはり教育が、大きく人格の形成と社会の形成者の視点で考えられているということだと思います。つまり、教育とは、人の成長をその一生を通して支えるものであり、社会の発展に寄与するような営為とされているのです。

人は進化の過程で、他の動物と異なった特性を備えてきました。チンパンジーが木の枝を使ってアリを捕まえたり、石を使ってかたい果実を割ったりすること、こうした道具を使用することも人類にとって重要でした。そして、道具の使用をみんなで行い、分担して道具の価値を高めていくには、集団の構成員同士のコミュニケーション能力の向上が必要となります。進化の過程において、人は、喉頭や舌などを精密化することによって高度な発声ができるようになってくるとともに、語彙を増やしていったのです。つまり、人は、言語というコミュニケーション能力を発達させて、他の動物と異なる暮らし方を始めたと考えられます。もちろん、言語能力を発揮させる前提として、慣れとか、試行錯誤といった学習行動もあったに違いありません。今日では、人は、食べ物や住居、衣料といった環境によって左右されてきた課題にも対応が図れるほどの学習能力を持っています。その一方、現代では、食糧やエネルギーなど地球レベルの課題も抱えざるを得なくなっていますが、これも人が高度な学習能力を持って生きてきた結果とも言うことができるでしょう。

動物には学習能力があり、それぞれの種において特殊化し高度化させてきました。しかし、環境に適応し、新しい問題に対処する能力、つまり知能という面においては、人は抜きんでた存在となっています。現代にあって、教育とは、さまざまな場面において人類がより良く存続するための課題を認識し、その方策を考えることができるように、一生にわたって学習していくことを支えていく仕組みと言えるでしょう。

コラム15

人と動物のよもやま話

動物園と博覧会の始まりは一緒

日本の博物館の始まりは、明治五年（一八七二年）の湯島聖堂大成殿で行われた博覧会とされています。この博覧会では、ガラスの陳列ケースに展示品が一定の分類に従って陳列されていて、三月十日から四月末日までの会期中に、十五万人ほどの入場者がありました。そして、展示品には、サンショウウオなど生き物も含まれていたのです。

この前年に、政府の物産局は、九段坂上の招魂社において「大学南校博覧会」を一般公開しています。出品物は、公募によって集められたのですが、「金石の属、草木の類より鳥獣魚介虫豸等に至るまで、総て天造に属せし物」と「諸器械奇品古物および漢洋船載の諸品等、総て博識の資となすべき人造の物」とされていました。要するに、自然の物や知っておくべき人工物が展示の対象となっていました。この年に、大学という組織は廃止されて文部省が設置され、物産局は文部省に引き継がれた後、博物局と改称されました。同時に、文部省は、

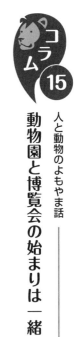

徳川幕府が運営していた昌平坂学問所（湯島聖堂大成殿）を取り入れて、博物館という名で呼ぶことにしました。

明治五年の博覧会に関しては、文部省の布達（行政の命令）が出されています。「博覧会ノ旨趣ハ天造人工ノ別ナク宇内ノ産物ヲ蒐集シテ其名称ヲ正シ其用法ヲ弁シ人ノ知見ヲ広ムルニ在リ。…之ヲ羅列シテ世人ノ放観ニ供セント欲ス。」というものです。つまり、博覧会というのは、世の中にある自然の物や人工の物を集めて、その名前を正しく表記し、使い方をしっかり識別して、見識を高めるためにあるのだから、それらを展示して一般の人に広く見てもらうことにした、ということなのです。当時は、博物館と博覧会は、ほぼ同一の言葉として使われていたと思われます。この博覧会で特筆すべきなのは、展示に対する考え方です。ここでは、世界に存在する物を一定の基準、例えば、動物であればネコの仲間とか、ウシの仲間とかいうように、一つの見方で分けました。これまでは絵画や物語などの分野で親しまれていた動物が、そうした色付けのない空間で、今までとは異なる基準で見られることになったのです。ガラスのケースというのが、この考え方の象徴です。

湯島の博物館は、翌明治六年、内山下町（現在の帝国ホテル附近）に移転しましたが、そこには剥製などを展示した動物館とともに、「畜養」つまり生きた動物なども展示されていました。日本で最初の動物園である恩賜上野動物園は、大正十三年（一九二四年）、当時の東京市に下賜されますが、それまでは博物館の付属施設だったのです。

＊膨大な収蔵品＊

オーストリアのウィーン自然史博物館には、約 3000 万点という収蔵品があります。そのなかには、動物の剝製標本も含まれていて、ネコ科といった分類にしたがってガラスケースに収容されています。化石も同様ですが、例えばアンモナイトは産地などの違いによっていくつも展示されています。これらを見ていると、同じ種であっても個々に違いがあることがよく分かります。

04 教育の基礎である家庭教育

ミツバチは、８字ダンスとして有名な、仲間とコミュニケーションをとる方法を持っています。花粉などを発見し巣に戻ったミツバチは、お尻を振りながら、８という字の形をなぞるようにして歩き回ります。その際に、歩く速さとお尻の振りの強弱などで、花粉のある場所の方向やその量を伝えるのです。ミツバチのこの行動は、花粉がある場所を短期の記憶に基づいて知らせているのですが、ダンス以外の方法では行うことができません。つまり、記憶に基づいた行動に、意識というものが伴っていないと考えられるのです。ここが、人の行動と異なる点です。人が生きていくためには、生得的行動や慣れ、条件反射などの学習による行動とともに、状況に応じてさまざまな選択が働くことができる意識された行動が重要です。この点がミツバチの行動とは異なっているのです。意識された行動によって、人類は、環境の変化に対応して生き残り、現在の繁栄をつくりあげてきました。

人類においては、男女の生殖行動の様式が変化したとしても、その子どもが必要としているものには変わりがありません。つまり、大きな脳を持つこととなった人類の子どもは、長期にわたる保護、そして、脳が発達できるような刺激が必要なのです。だから、脳が発達できる状況をうまく整えていくことが大切なのです。人類の子どもは、出生時においては無力であり両親による世話に全面的に依存し、遅い時期に成熟するという特質を持っていますが、その期間に行われる学習によって、生き残り今の繁栄を築いてきたのです。そして、学習する意欲を持つという力の発達は、日常の生活が展開される家庭にその多くを負っていると考えられます。

教育を人の一生を通して行われるものとして捉えると、それは大きく三つの段階に分けて考えることができます。第一の段階は、最も基礎的なもので、人との関わり合いによって自然と育まれていく人相互間の意思伝達能力ともいうべきものです。これは、だれかが意図的に働きかけを行うというものではなく、成長過程において自然と身に付いていく性質を持っています。次の段階は、集団の一員として生きていくためのその集団の価値観であり、集団の基礎となすものです。これは、習俗、しきたり、礼儀などとも呼ばれ、村とか国とか民族とかいった一定の集団に共有される内容を持っていて、行事などの集団行為に参加することによって人の成長とともに教えられ身に付いていきます。最後の段階は、社会を円滑に発展させていくために学校などで行われる教育であり、組織的に教えられることによって、人はそれを学んでいきます。この三つの段階の教育が重なり合って、人格が形成されていきます。

第一と第二の段階の教育とは、人が社会生活を送っていくうえで必要不可欠なものであり、多くの場合は家庭を通して人の身に付いていくものです。家庭における日常生活のなかから社会性を身に付け、社会を考えることの大切さを学ぶこと、これが子育ての基本だと考えられます。そして、子どもが経験する幼いときの親との安定した結び付き、つまり相互の愛情のやりとりは、家庭だけでなく組織の一員として社会の活動に参加する段階において重要な役割を果たすと考えられています。

家庭において思いやりを持って子育てすることは、持続できる注意力、情動の制御、苦難に耐える力、他人に対する感情移入など、子どもの社会的能力を養うことになるのです。

コラム16 人と動物のよもやま話

好奇心と遊び心でできたリーフレット

動物園では、いろいろな動物の解説リーフレットを作っています。ある日、ジャイアントパンダのリーフレットの原稿をチェックしていると、すべての漢字に振り仮名のルビがふってあることに気づきました。その理由を尋ねると、小さい子どもにも読んでもらいたいからという答えです。しかし、ルビがふってあることで、子どもが読むとは限りません。そこで、子どもたちの手で、子どもたちの発想によるリーフレットを作るという企画が生まれました。これには、大人が、子ども向けに解説などを作るのが一般的であることに対する反省の意味もあったのです。

子どもの人選では悩みましたが、手始めは、普及活動の手助けとして任命されているパンダ大使にやってもらうことにしました。応募者から選抜されたジャイアントパンダが大好きな五歳から七歳までの子どもたちの七名が、編集者となったのです。とは言っても、すぐに編集などはできませんから、動物の観察から始めました。動物舎の前でじっくり見てもらい、子どもたちに気がついたことを挙げてもらいました。挙げられた疑問点は飼育員に確認して答えを考えます。こうして、どれを載せたらいいか題材を選んで、紙面を構成する内容をかためるのです。その結果、「ジャイアントパンダけんきゅうレポート」と題されたリーフレットには、「タケを食べるとき、頭と耳がピクピク動くのは、頭全体で力を出して食べるから」など子ども目線の解説が並ぶことになりました。

表紙のデザインは、床一面に広げられた紙の上で、ジャイアントパンダの故郷を描いてもらいました。子どもたちは、ほとんど遊びで、足や爪にも嬉々として絵の具を塗りつけています。こうした経験から分かったのは、子どもたちが学んでいくうえで大切なのは、遊びの体験と知ることのおもしろさで、この二つが結び付くことが次の意欲や継続につながっていくということです。小さい子どもたちに必要なのは、心に共鳴するような体験を通じた教育ではないかと考えています。

実際は、初めからうまくいったわけではありません。子どもたちがリーフレットを作成するには、準備したり、うまくリードしたり、飼育員の理解を得たり、子どもたちが自らデザインできる方法を考えたり、さまざまな対応をしなければならない裏方の苦労があったのです。しかし、この試行錯誤の過程から大きな教訓を得ることができました。その第一は、子どもたちの視点を通して、自分たちも新たに学ぶことがあると気がついたことです。普段、何気なく見過ごしていることが多いこと、分かったつもりになっていることが多いことを知りました。二つ目は、遊び、つまり楽しみながら学ぶことの大切さです。知る喜びと遊びの喜びは一緒なのかもしれません。三つ目は、一緒になって行うことの充実感です。こうして人となりを知ることもできますし、他の人が何を考えているかが分かるのです。

＊カワセミのオスとメス＊

　カワセミは、小魚がいるような川や池に近くに生息しています。翼が鮮やかな青色をしていて、一目でそれと分かります。オスとメスは嘴で見分けることができます。オスが黒色一色であるのに対して、メスの下嘴が橙色になっています。動物のリーフレットをつくるときには、こうした違いがよく分かるように表現する必要があります。

05

相談というリーダーシップ

動物の子育ては、メスが独占的に行うわけではありません。しかし、オスが子育てをする場合は、面倒をみるのが自分の子どもであるという確実性が基本となっています。霊長類のオスは、種によって異なるやり方をしますが、子どもの成長を助けています。キヌザル（コモンマーモセット）では、メスは授乳をしますが、子どもを運ぶなどそのほかのことは、ほとんどオスが行います。これは、キヌザルが一夫一婦の家族をつくり、小さな木になる果実で食べ物が充足され、なわばりを一頭のオスだけで守ることが可能であるから、と考えられています。一方、チンパンジーなどは、大きな群れをつくって生活し、広がりのある群れのなわばりを持っていて、これを数多くのオスたちが協力して守っています。繁殖も乱婚ですので、こうした種では、父親としての確かさが不明確になる傾向が強いため、普通はオスによる直接的な子育てが行われることとありません。オスは、外敵から群れを守るなどの役目を果たし、間接的な子育てをするのです。

こうした動物たちに比べ、人類の父親は、子どもの生存にとって欠くことができない存在となっています。進化の中で、確実に家族を養うことができる男性と、そうした男性を選ぶことができる女性が優位となってきたのです。そして、家庭において男性と女性とは、お互いに強い情愛を形づくるようになり、これを基礎として、子どもが自立するまで、あるいは、自立できるようになってからも、ともに暮らし、家庭を維持するようになりました。

家庭を維持していく中で、その構成員は、社会から期待される一定の行動基準を持っています。これが家族内の役割分担となり、家族の構成員の行動を規定することとなります。家庭は、最初は夫と妻だけによって構成されているため、慣習やお互いの取り決めによるなどして家庭内の役割分担はある程度はっきりしています。子どもができると、その成長に伴って世話から教育へと比重が変わってくるため、母親と父親が行わなくてはならない内容が変化していくとともに、お互いの役割分担が複雑化することになります。こうした家族の役割分担は、戦前の家父長制の下では明確でした。日本の社会においては、夫であり父である男性が生活の糧を確保する役目を担い、労働の面での社会的な窓口となってきましたし、妻であり母である女性が生活の質を支える役目を担い、近隣の窓口となってきました。こうした伝統的な分担があったのです。

現在では、女性が職業に就くようになっているとともに、家事が機械化され、男性が家事を分担することも多くなってきました。しかし、赤ん坊が生まれた直後などは、事実上は母親の家事の負担は軽減されていない状況になっています。人の社会において、子どもは、社会的な能力が安定するのに二十年近くの期間が必要です。こうした子育てを可能にしてきたのが父親の存在なのですから、現代のような状況に対しても、母親と一緒になって考えていくことが父親としての務めなのです。

子どもの世話、教育などの家庭内の出来事に関して、父親には母親とともに、子どもの成長の段階に応じて適切な対応をとることができる存在であり続けることが求められています。勤労女性が当たり前になっている状況では、家庭内の役割分担は、母親と父親の合意によって、状況に応じて発揮されるべきものなのではないでしょうか。どのような人でも得手不得手があるのが普通です。家庭内の得意の分野において、「このことについて相談しよう」と呼びかける姿勢でリーダーシップを発揮することが必要です。

コラム17 人と動物のよもやま話

リーダーシップとは何か

リーダーシップは、一般的には、組織の運営に関して必要とされる能力です。さまざまな定義があるようですが、特定の目的を達成するために、コミュニケーションを通して対人的な影響力を発揮すること、ということができます。その内容は、人によって、さまざまに表現されています。前提となっているのが、指導者に対して必要とされているものだということです。その立場については、身をもって示す、自己管理をする、自覚を持つ、使命感を持つ、など自らが進んで実行することが大切とされています。また、影響力を発揮しようとしている相手に対しては、ほめてあげる、手柄を立てさせる、どのようにするかを聞く、など相手の気持ちを察する行動が必要とされています。さらに、言って聞かせてやってみさせる、力ずくでは行わない、相手をそうした気持ちにさせる、ビジョンを持つ、自らの経験の中で培う、などのノウハウが指摘されています。

あるとき、カンガルーの手術をしなくてはならない事態になりました。手術前に麻酔をかけなくてはなりません。こうした手術は頻繁にあるわけはありませんので、過去の資料を出してきて、当時の個体の体重、年齢、薬とその量などを調べます。この仕事は動物病院が担当しますが、事前に飼育担当やその班長、係長などが集まり、ミーティングをしました。過去の事例と比較して、今回はどのくらいの麻酔量でいくのかが最大の焦点でした。そのときは、麻酔量の議論に一時間もかかったのです。過去の事例と何が違うのかなどの問題について、みんなが納得しないと後もうまくいきません。最後は病院長の「これで行こう」という一言で決まりました。

どのような事柄であれ、ものごとを進める際には、関係する人がいるものです。みんながすべてを納得することも少ないでしょうが、議論をつくして、方向性を決めることが大切でしょう。自分も決定に関わっているのだという意識は、責任感につながっていきますし、次に何かをやる場合の積極性にも関係していると考えられます。立場が人をつくる、ということも言われます。そうした場面になったならば、意見を聞き、決断して実行するしかないのではないでしょうか。

＊カマドウマの棲みか＊

最近は見かけなくなりましたが、カマドウマという昆虫がいます。暖かく餌も多い竈（カマド）の近くにいて、馬（ウマ）のように飛び跳ねることから名付けられました。このように、生き物には棲みかが大切です。逆に、洞窟内で暮らしてきたために、眼が退化してしまった動物もいます。リーダーシップとは、洞窟という環境のように、相手が自然と変化してくれるように仕向けることだとも言えるでしょう。

06 子どもの社会化

哺乳類の中でも群れで暮らす種では、鳥などの巣作りする種と異なった自然淘汰の力が作用します。群れで暮らしている場合には、母親の指示に素早く反応できる子どもが生き残る可能性が高くなります。血のつながりのある親子であれば、こうした親と子の反応の相互作用が促進されると考えられます。親子は、お互いが発する兆候を読み取って、一定の程度においてお互いの行動を予測することができるのです。こうした親子のお互いの心情を感じとる能力は、人類において愛情や思いやりと呼ばれるような実感に進化したと推測されます。親と子どもの絆、結び付きは、子どもが必要としている親による世話を確保するための手段として生まれたとも考えられます。一方、子どもは、大きくなるにしたがって、体験しなくてはならない自然環境や群れのルールなどについて親から学習しなければなりません。相手の心情を汲み取る能力は、子どもの行動を形づくるようにも機能しているのです。

　人類において、子どもの社会化とは、子どもが家族内における役割を自分のものとして認知し、内面化していくこと、さらに社会の一員としての自覚が生まれてくること、と言われています。子どもは、生まれ落ちた瞬間から、今までとは違い口から栄養を摂らなくてはならなくなりますが、自分ではできませんので、母親がその面倒をみることとなります。この時点では、母親と子どもは一体のものとして捉えることが可能でしょう。この時期の幼児と母親との安定した結び付きは、成人して大人の仲間入りする過程において重要な役割を果たすとされていて、持続力、忍耐力などの社会的能力などを将来にわたって形成するとされています。

　誕生後、時間が経過すると、子どもは排泄を自分で行えるようになるなど、母親への依存から離れ、自己が徐々に確立されていくようになり、それとともに、母親と子どもとの関係に父親も関わるようにもなります。その後、性による違い、父、母、兄弟姉妹という関係が区別されるようになってくるのです。思春期に入ると、社会的な関係性が深まり、家族以外の個人との相互作用も増大していきます。

子どもが成長して社会の一員としての自覚ができるという意味は、社会的な行動ができる、ということです。社会的な行動とは、社会的な規範や制約の中で、他者との関係において自分に期待されていることを意識しながら、一定の範囲で同調していく行動です。このことは、社会の構成員のすべてに当てはまりますので、社会的な行動は、相互的で、依存的でもあります。社会を構成する最小の単位である家庭においても、子どもが成長していく中で、その行動は、家族以外の人への相互性、依存性を強めていく傾向が出てきます。

個人が家庭を構成するとともに、家族全員が社会の一員となって協同してくことは、人類の特徴です。そして、言語というコミュニケーション能力を発達させることによって、状況に応じてさまざまな選択ができる判断力を養い、社会を発展させてきたのです。社会的な行動に関しても、言語によるコミュニケーションは不可欠です。そして、成長の過程で、子どもの言語によるコミュニケーション能力を高めていくことにかけて、日常生活が営まれる家庭に勝るものはないのです。

人と動物のよもやま話

成長に大事な刷り込み

カモのような鳥では、孵ったばかりのヒナは、人の手によって育てられると、カモの仲間よりも人について歩くようになりますが、動物に働くこうした作用を刷り込みと呼んでいます。しかし、これは一回見ただけで覚えてしまうということではありません。普通であればヒナは親から世話を受けることになりますので、親から連続した関わり合いを受けていく中で記憶されていきます。また、刷り込みは、見て記憶するというだけでなく、鳴き声も関係していると言われています。

孵化した後すぐに活動できる鳥は、親の保護を受けるために、親の姿をすぐに覚えなくてはなりません。このため、刷り込みは、早い段階で起こります。しかも、刷り込みが形成されるのは、短期間なのです。また、何もできない状態で生まれ巣の中でしばらく過ごすような鳥は、ある程度成長してから刷り込みが形成される、とされています。このように、成長の後半においても刷り込みが形成されるのは、親からの保護を受けるためばかりではなく、兄弟姉妹を覚えることによって近親交配を避け、適正な配偶者の選択を有利にするためとも考えられています。刷り込みは、脊椎動物の一部に見られる一種の学習です。

中国でジャイアントパンダを野生に戻す訓練のため、人に慣れないようにとジャイアントパンダの着ぐるみを着て職員が対応しているという記事がありました。刷り込みとは異なり、かなり成長した時期に、こうした対応をとることが有効なのかは分かりません。どちらにしても、ジャイアントパンダの子どもにとって最も重要なのは、生まれてから親離れするまでの間は、母親と一緒にいることだと考えられます。

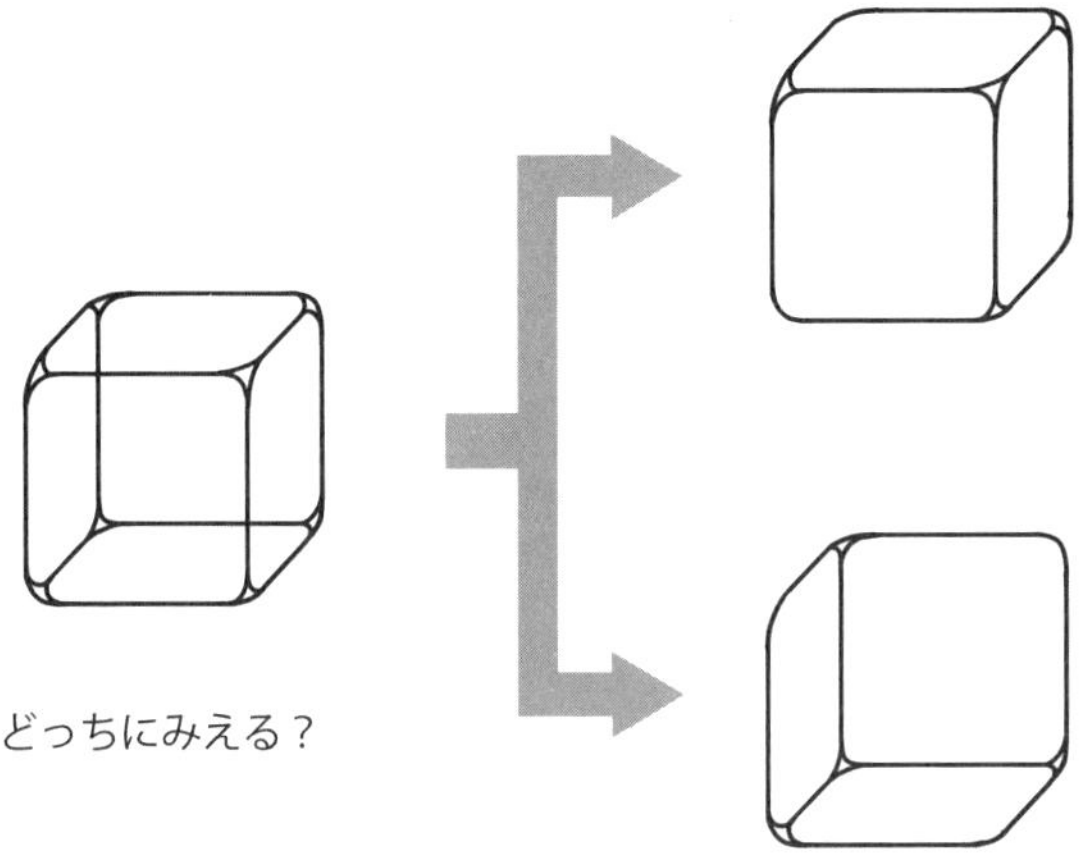

＊立方体の見え方＊

線で立方体を描くと、二通りの見方ができることになります。しかし、片方を見ていると、もう一つは見えません。あるいは、片方しか気がつかないかもしれません。人が何かを見ているときには、いくつかの可能性を持って見ているのではなく、一つの常識的な見方を基礎にして見ている可能性があります。

07 気持ちよく暮らすためのしつけ

人に最も近いと言われるチンパンジーですが、動物園で朝をむかえると、メスたちはリーダーのオスに挨拶をします。手を出して見せたり、後ろを向いてお尻を見せたりするのですが、ある日、なぜか挨拶をしないメスがいました。その場は何事もなく過ぎましたが、昼頃、そのメスが不意にオスに叩かれ、一騒動となったことがあります。メスが朝の挨拶をしなかったことを根に持ったオスの行動と推測されます。こうした挨拶は、メスの発情をオスが確認するためとも考えられるのですが、一定の規範に基づいて行動することで集団を安定させているとも考えられます。

しつけは、構成員としてふさわしいと社会から認識されるような行動様式を、子どもに習得させていく営みです。子どもが大人になってから社会生活を円滑に進めていくために、しつけによって得られる内容は重要です。しつけは、子どもを育てていくのに伴って、特に家庭において行わなければならない重要な役割の一つとされています。

母親は、自分の子どもを理想的に育てようとして努力します。しかし、世界のそれぞれの国において、母親は異なった幼児への理想像を持っています。それは、大まかにいって、アメリカ人においては外交的であること、ドイツ人では自立心を持ち感情にあまり左右されないこと、日本人にとっては控えめで親の言いつけに従うこと、などと言われています。また、同じ国内でも、都市部であるとか農村部であるのかといった地域によっても違いがあることも指摘されています。このような志向性は、単に文化的な違いというよりも、子どもにとって利益になるか、あるいは危険になるかといった状況に対応してきた結果であるとも推測されています。自主性を重んじるような育て方をした場合には、子どもは母親に見つめてほしいと期待するようになると言います。このように、母親が理想的な子どもを育てようとする傾向は、子どもにも影響を与えることになります。

ほとんどの場合において、母親は、自分の生きている社会を子どもに理解させようとします。そして、普通は社会的な規範をその拠り所にします。しかし、この規範というものは、時代や暮らし方などの変化に伴って変わっていきます。こうした観点からすれば、しつけは、多様性に満ちているのです。時間の経過とともに規範が変わり、しつけも変化するのは、日本の戦前と戦後との違いに顕著に表れています。その変化は、次のように指摘することができます。第一に、しつけが、公共的な枠組みとしていわば強圧的に示されていたのが、各家庭の役割としての面が重視されるようになってきたこと、第二に、子どもを尊重するという考え方が強くなり、厳しいしつけをしないようになってきたこと、第三は、しつけに関して父親が担う度合いが少なくなり、母親に任される傾向が強くなってきたこと、などです。

しつけは、世代が交代することなどによって変質していく性格のものですから、人を傷つけてはいけないとか、物を盗んではいけないなどの反社会的な行動と違って、絶対ではありません。しかし、子どもに、礼儀や配慮などの約束事があり、それを行うことによって、みんなが気持ちよく暮らすことができるということを意識させる必要があるのではないでしょうか。しつけをするのは母親だけの役割ではありません。父親、そして社会を構成する人々もその役割を担う必要があります。

コラム19

人と動物のよもやま話

学習を利用した検査

動物園にはさまざまな動物がいます。これらの動物は、病気になったり、怪我をしたりすることなどもあります。また、妊娠したかどうかの診断も必要です。しかし、動物とは会話ができませんので、検査などをするには工夫が必要です。

ゾウの採血は、厚い皮膚からはできません。動物園などで見ていると、大きな耳をパタパタと動かしている姿を見ることができますが、暑い日には、そうやって耳の裏の血管から熱を逃がしているのです。だから、採血は耳の裏側から行います。最初は、音を鳴らすなどしながら、耳の裏を見せてもらうようにして、うまくいけば餌などのご褒美をあげます。こうして少しずつ馴らしていくのですが、音などの刺激と、できた時のご褒美は欠かせません。徐々に、触っても大丈夫なように、注射をしても大丈夫なようにとしていきます。

ジャイアントパンダの妊娠の判定のときも同様です。血液ではプロゲステロン（黄体ホルモン）の値を、尿の場合にはプレグナンジオール（黄体ホルモンの代謝物）を測定します。採血は、音を出すと手を出すように馴らし、好物のリンゴなどを食べてもらっている間に行います。また、普通、おしっこを決まった場所にすることはありませんので、音を鳴らすと、決まった場所にするようにして、そこから採取するようにします。

こうしたことは、動物の学習の一部を利用したものです。そして、それができるのは、日頃の飼育員と動物の信頼関係があるからなのです。

08 活かすべき高齢者の知恵

時代の変遷とそれに伴う文化の変化によって、家族における高齢者の地位あるいは役割は変化してきました。日本では、戦前、家長の権威が強く、家族、あるいは家庭は、家長によって支配的に統制されていた面がありました。また、高齢者が権威を持っていたというだけではなく、労働力として生業を支え、家事も行っていた例も多かったのです。しかし、今日では、高齢者による統制といったことは、家庭でもほとんど見られません。家庭において高齢者の役割が薄らいできたとともに、高齢者を家族の負担としてみる傾向もでてきています。また、核家族化の進行で、高齢者のみで生活せざるを得ないことも多くなりました。

女性は、四十～五十代を過ぎる頃に閉経をむかえ、繁殖する能力が停止します。

なぜでしょうか。女性は歳をとるにしたがって子どもの数が増えることになりますが、その数が増える分だけ、分娩の危険と長い期間の子ども世話という課題に直面せざるを得なくなります。そして、母親自身と子どもが死亡する確率も高くなるのです。こうした状況に適切に対応する戦略が閉経なのです。一定の年齢に達した女性は、新たに子どもを産むという選択をやめて、すでにいる子どもや子孫などの繁殖する可能性のある親類を世話することによって、自分の遺伝子が残る可能性を高めるという選択をしたほうが有利になります。男性ではこうした現象は起こらないのに、女性に閉経が起こるのには、こうした理由があると考えられています。

無文字文化の時代、そこまで遡らなくとも印刷が発達していなかった時代には、文化を伝承できる者は集団が生き残っていくために重要でした。歳を重ねた女性、男性は貴重な存在だったのです。かつての日本においても、高齢者が経験の中で得てきた知識や判断力などが、次世代の指導に活用されてきました。高齢者の知恵や経験を活かすということは、現在では失われつつあります。

今日、直接に顔を合わせて情報の連絡をすることが少なくなりました。手紙や葉書など自らの手で字を書くことも省略されています。人と人のコミュニケーションの中で、肉感的、感覚的、共感的な方法がなくなりつつあります。顔を合わせながら会話をするには、人数と時間の限界があるのは間違いありませんが、家庭や家族においては、直接的・共感的なコミュニケーションを用いるべきではないでしょうか。人は、思いやりなどを基本としながら家族をつくってきたのですから、先人の経験などを聞き自分のものとしていくことも、これからの社会を考えるうえで重要なことなのです。男性や女性が長生きして、次の世代に教訓などを伝えることが大切です。世代間の直接的な話題の交換ができることは社会にとっても有益なことなのです。

コラム 20

人と動物のよもやま話

ロバの入れ歯

人なら齢をとって入れ歯をいれるということも珍しくはありませんが、動物にとって歯は重要であるとは言っても、入れ歯をするのは難しいことです。かつて、一文字号というロバが動物園で飼われていました。二十九歳になったとき（人間で言えば九十歳近い年齢ですが）、歯が悪くなって好物のニンジンも噛めなくなってしまいました。子どもたちにも人気があったこともあり、このままではかわいそうだ、どうにかしようということで、入れ歯をいれてみようという結論になりました。入れ歯をつくるには、最初に型取りをしなくてはなりませんが、ロバはおとなしく言うことを聞いてはくれません。ロバが暴れないかと関係者は非常に緊張したという話です。最終的に、上下一本ずつ残っていた歯に特製の冠をかぶせて、入れ歯をその冠で固定したうえで、入れ歯の揺れを口の周りのバンドで止めて、完成させることができました。

その結果は大成功で、一文字号は、青草も噛み切ることができるようになりました。しかも、ヤギを追い回したり、シマウマとふざけて噛み合って入れ歯を割ったり、いたずらもできるようになりました。そのうえ、自分で入れ歯を外すことも覚えたというのです。頑固な性格のロバでしたが、外した入れ歯を飼育員が戻すときには協力的にしていたと言います。

歯に限らず、日頃は気にもとめないで使っているものに問題が生じると困ってしまうことは多いものです。日々の営みを続けていくためには、当たり前のことが持続できるように気を配っていくことが大切なのです。ロバの入れ歯については、歯医者さんや飼育員の努力があったのですが、そのもとには、先輩たちが築いてきた長年の飼育の経験とそれを引き継いで応用してきた後輩の工夫があったのです。

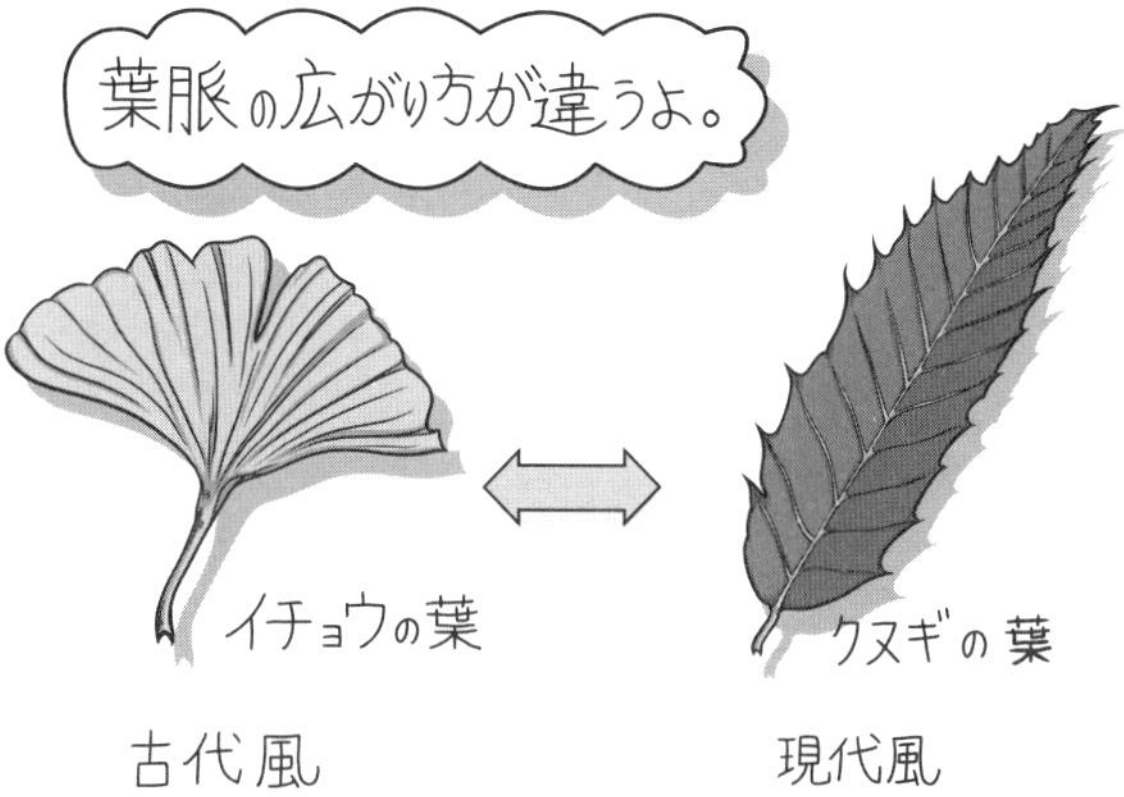

＊古代の生き残りイチョウ＊

　恐竜の時代にはシダ植物が全盛でしたが、種子をつくる裸子植物が登場し、シダ植物の勢力範囲であった水辺ではなく、乾いた土地にも進出しました。その後、被子植物が誕生するのですが、古いタイプの裸子植物として残っているのがイチョウなのです。イチョウの葉とサクラなどの被子植物の葉を比べてみると、違いが分かります。身近なところに、考えるきっかけがあるのです。

09

大切な親の子離れ

　赤ん坊は、乳を飲みたいといった自分の欲求を満たすためには、両親などの助けを借りなくてなりません。乳については、母親がその役目を果たすことになりますが、母親を通して乳が得られることが繰り返されると、母親そのものを欲求の対象とするようになります。このようにして、子どもと保護者との間に依存性が形成されていくと考えられます。母親に抱かれると泣き止むといった行動は、その表れでしょう。依存性は、子どもの扱い方などによって個人差が生じます。一般的には、親が子どもの欲求を受け入れる度合いが強ければ、それに対応して依存性も強くなる傾向があります。

　子どもの自立性は、子どもが自らの探求心によって、環境を把握したり困難を克服したりして一定の成果を示したときなどに、親などがそれを認めほめることで発達していきます。こうした行動は、依存している中で限界に挑戦することを意味しています。子どもの自立性の確立という観点から、親離れ、あるいは子離れが大切だ、と言われていますが、親の子離れのほうが重要だと考えられます。動物では、親が子どもの自立を強制するような行動をとります。人と他の動物とを同一に扱うわけではありませんが、人の社会において、子どもを社会的な社会に送り出すのに長期間の教育期間を設けているのですから、子どもが離れていくというよりは、親が子どもの自立を促すようにしなければならないのです。

依存と自立は並行しており、時間の経過や環境の変化などによって、両者の度合いに強弱があらわれます。子どもは、成長するにしたがい、依存の程度や対象を変化させるとともに、一般的には、両親、特に母親に対する依存から徐々に自立へと向かいます。したがって、何歳から子離れをしなくてはならない、ということはありません。子どもの態度を推し量ることによって、一定の距離感を保つようにすべきだと考えられます。要するに、過剰な干渉はダメですが、コミュニケーションの基本である会話は行うほうが良いのです。「おはよう」とか「おかえりなさい」、「ごちそうさま」という日常の挨拶から始まって、言うべきことは語りかけていくという姿勢は大切だと思います。そして、動物の母親は危険が迫ると退避したり、闘ったりしますが、人に必要なのは、社会の集団に迷惑をかける行為などには厳しく接するべきだということです。

大人になっていく過程を子どもの視点からみると、子どもの自立と依存と捉えられるし、社会の視点からみると、子どもの社会化ということになりますが、両者は表裏一体の関係にあります。人は集団をつくり、その中で助け合って生活していきます。このため、子どもの成長に伴って、その依存は家庭の構成員以外の友人や仲間などへ拡大するとともに、自立の比重が高まっていきます。家族は、そうした変化に柔軟に対応していく必要があります。長い時間をかけて愛情と呼ばれる絆を築いて生きていく人類だから、それができるのです。

コラム21　人と動物のよもやま話

動物の自立

動物の子育ては、両親への依存から始まり、生き残るための手段の学習を経て、配偶者の獲得のための競争、最後には子どもが親になること、という循環する一連の流れに沿って行われます。もちろん、すべての種が、社会的な群れを持っているわけではありませんし、家族をつくるわけでもありませんので、子どもの自立の仕方は、種によってさまざまです。しかし、一般的に、親が子育てを行う種であっても、大半は、一定の時期になると、親と子どもとの絆が消失し、子どもは新しい配偶者を見つけるために親と分離していきます。哺乳類では、子どもが乳を自ら飲み続けようとしたときから、母親は固形の食べ物を食べさせようとすると言われています。分離のための準備をしているのかもしれません。

群れをつくり、父親が子育てを手伝う動物にオオカミが挙げられます。日本のいくつかの動物園でも飼育されています。オオカミは、多くはペアであるオスとメスを中心として、その血縁からなる群れをつくって暮らします。基本的には、ペアのオスとメスだけが交尾し繁殖することができます。さらに群れの中では、ペアのオスとメスを頂点とした歴然とした順位が定められています。その順位は、尾の動き、体の動きなどのしぐさや表情で表現され、上位のものは相手に優位を示したり、下位のものは敬意を示したりします。群れの中で、この順位に応じた行動をとらないと、押さえつけられたり、追われたり、食べ物を渡されなかったり、きつく扱われます。群れを維持するために、大きな獲物を狙った狩りをしますので、群れの秩序は不可欠なのです。メスは、巣穴をつくって、複数頭の子どもを産みます。父親や子どもの兄姉は、肉を吐き戻したりして、子育てに協力します。子どもは二年位で大人になりますが、群れに残るか、群れから出て新しい群れをつくるかします。これがオオカミの自立です。

10 より良い教育のために

子どもは、自分を育ててくれる人、さらに自分に関わりを持った人を鏡として自分が生きている世界についての自分なりの観念と自己という感覚をつくり上げていきます。一方、子どもの両親は、生きている世界の特質を理解したうえで行動し、そうした行動を示すなどして、社会における役割を子どもに理解させることになります。それができなければ、子どもは、社会の構成員として生きていくことができません。家庭における教育の機能は、学校などへ分散されてきましたが、依然として、家庭は、生活の場であるとともに、社会への架け橋となる教育の場でもあることには変わりないのです。

母親は、自分の生きている一つの文化的な制度の中で生き抜く力を子どもに与えようとし、その社会が認容する子育ての規範に従うことが最も効果が高いと認識しています。しかし、この規範は、枠組みとして世界の変化に伴って変わっていくものなのです。子育てをしていくうえで、子どもにとって大切なのは、何かができるということだけではなく、その何かが起こるということの理由を考えなくてはならないということです。

多くの場合、既存の文化の伝承をめぐり、引き継ぐ者と引き継がれる者との間にある価値観の違いによって、問題が生じることがあります。現在の世代が次の世代に伝えようとすることと、次の世代が求めることには、違いが生じることもあるのです。こうした「教えたいこと」と「学びたいこと」とのズレや軋轢は、世代間のコミュニケーションが難しいということの反映であるとも捉えられますが、教える側に「教えたいこと」の意味が問われていることに他なりません。つまり、教育とその内容は、常に問い直され続けていかなくてはならない事柄なのです。

近代の学校における教育は、国家及び産業が求める質の高い労働力の形成を基本としています。これは、社会的な生活を営む人の集団を支えていくために、程度の差はあれ自分たちが選択してきた結果であり、人の生存に必要なことでもあります。近年では、教育の高度化、細分化などが進み、その傾向がより強くなっています。こうした状況の中で、家庭における教育には、子どもが健全に次世代を形成することができるように、学校教育などの制度的な教育を補完することが求められているのです。家庭における教育では、日常の生活を通じて、体験し反省し、また進んでいくというような行動の方法を形成することを目指すべきなのではないでしょうか。ここには知識はあまり必要とはされません。必要なのは、一緒に考え、一緒に反省し、一緒に行動するという愛情なのです。手始めは、人が社会を形成する基本となった言語に着目して、互いに話し合える環境を整えることです。

子育ては、一つの文化の中で完結していて、他のどのような文化の中でも支障なく暮らしていけるように子ども養育していくわけではありません。また、学校における教育がすべてをカバーできるわけでもないのです。子どもを一人前の大人にしていくためには、家庭や学校、地域などが共同している必要があります。さまざまな場面において人類がより良く存続するための課題を認識し、その方策を考えることができるように、次世代の人が一生にわたって学習していくことを支えていく仕組みとして、教育は捉えることができます。家庭における教育は、将来の社会をつくる人の育成に重要な役割を果たしているのです。

コラム22
人と動物のよもやま話

なぜヘビは嫌われるのか

ヘビは、手足がなく、瞼もなく、外耳もない、水を通さない鱗に覆われた爬虫類です。哺乳類などとは異なって、外界の温度に体温を合わせる省エネルギー体質となっているため、一定の体温を維持する必要がなく、わずかな食べ物で生きていけます。砂漠など普通の動物は生きることが難しい環境にも暮らすことができ、棲みかを拡大してきて、約二千四百種類のヘビがいます。その姿は、トカゲの仲間が地下の生活に適するように進化して手足を捨て、再び地上での暮らしもするようになったから、と言われています。

菜食主義者のヘビはいません。生きている動物を餌にしていて、待ち伏せするタイプと追いかけて捕まえるタイプとがいます。待ち伏せタイプは、ニホンマムシなどで、相手が来るまで普通は我慢して待っています。追いかけタイプは、相手を見つけるために徘徊し、狙いを絞ったら忍び寄って捕まえるアオダイショウなどです。ヘビには、嗅覚、視覚、聴覚、触

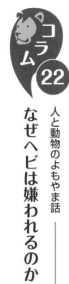

覚、味覚などが備わっていますが、餌を探す最初の段階で活躍するのは嗅覚です。先の二つに分かれた舌をチロチロと動かす姿をよく目にしますが、地面に触れたり、空中で振ったり、水の中に入れたりして、化学物質を集め、上顎にある器官に入れてにおいを嗅ぎ分けています。捕まえた獲物は、飲み込んでしまいますが、鉤状《かぎじょう》の歯は獲物が逃げるのを防ぎ、喉の奥に送り込むのに使われます。この飲み込むという食べ方のため、気管が下顎の前まできていて、呼吸が楽にできるようになっています。進化という点では、非常に個性的に生き残ってきた種と言えます。

チンパンジーの運動場に、ヘビが入ると、チンパンジーたちは、叫び声をあげたり、石を投げたりして大変な騒ぎになります。また、ヘビを好きだという人もあまりいません。では、なぜこんなにヘビは嫌われるのでしょうか。ヘビには、毒のある種類が二割程度います。霊長類が進化する中で、こうした毒ヘビから致命的な影響を受け、それが継続される中で、心理的な嫌悪感がつくり出されてきたのではないか、とも言われています。一方、ジャイアントパンダのように好まれる動物もいることから、他の生き物、植物を含めてですが、それらに対して何らかの共鳴、共感するものを遺伝的に持っている、とも言われることがあります。

人は動物ですから、これまでの進化の中で他の生き物たちと密接な関係を持ってきました。ですから、他の生き物に対して何らかの感情を抱くことは当然かもしれません。そして、なぜヘビが嫌いか、などのような疑問を持つことも、人の大きな特徴なのです。

第3章 生きがいのある暮らし

01 家庭は学びの場

「学ぶ」ということは、人がより良く生きようとするうえで基本的な営みであるとともに、生き物としての人が地球上で生き残っていくためにも根幹となる事柄です。子どもは、成長の過程において、自己の中にすでに形成されてきた意味や知識の再構成を常に行っています。それと同時に、周りの人々との関係の再構成も行おうとし、自分が理想とする環境、社会をつくっていこうともするのです。こうした営みは、子どもばかりではなく、大人にとっても重要です。社会は、多くの人々の経験と反省を土台にして、既存の知識や価値などが編成されることによって、存続していきます。社会の構成員である人々が、一生をかけて学び続ける意味が、ここにあるのです。

現代の日本における子育てに関しては、一般的に、核家族化、少子化、家庭の子育て機能の低下、対人関係の希薄化などの問題があると指摘されています。しかし、個々に見ていくと違う捉え方も出てきます。核家族化は、世界的な傾向で、それ自体が問題であるわけではありません。母親や父親が困ったときに補助できるような仕組みが確保できるかできないかといった問題なのです。また、少子化は、全体とすれば人口減少となる社会的な課題ですが、一家庭当たりの子ども数が減少することを意味していて、家事の軽減などには有利に働く現象です。今日では家庭の子どもの数が減少するとともに、洗濯機で代表されるように技術の進歩により家事が軽減され、使い捨てのオムツや離乳食なども普及してきました。以前と比較すれば、赤ん坊を育てることへの負担が減少するような社会的な傾向にあると言えます。しかし、母親は、出産後の状況の変化によって大きなストレスや悩みを抱えると言われています。こうした母親を補助するために、身内の助け、有償による外部への委託、地域の協力などの手段を取らざるを得ないこともあるのです。実際、子育ての期間は、家族は忙しくなります。ですから、家庭の子育て機能の低下、対人関係の希薄化などと言われる問題に対して、母親の最も身近な存在である父親の役割には大きいものがあります。父親が母親の役割を果たすことも見られるようになってきましたが、こうした直接的な手伝いができない場合でも、相談に乗ったり、愚痴を聞いたり、気遣いをしたりすることは可能です。配偶者を安心させ、家庭という一体感をつくっていく心づもりが大切だと考えられます。

家庭において全員が笑顔になれるような生活が大切です。このためにも、家族間の適正な関係が重要となります。過保護、過干渉、過期待などと言われる親の子どもへの依存傾向は、子どもにも良くない影響を与えざるを得ません。逆に、幼児虐待などが指摘されているほか、子どもも不登校や家庭内暴力ということに代表されるような問題も起こってきています。自我を確立していく過程にある子どもに対しては、融通無碍の関係を構築していくつもりで対応していくことが必要なのではないでしょうか。つまり、あまり干渉せず、子どもが必要なときに、対応できるような関係です。

家庭が教育の場であり、学習の場であることを、もう一度確認することが必要です。すべてのことを常に完全に行うことなど、人はできません。試行錯誤を繰り返し、先人の知恵を見習い、反省しながら進んでいくしかないのです。現代社会は、所得格差、性差別、民族対立など、新たな問題を抱え込むようになってしまいました。そうした課題への解決策も、みんなで考え、少しずつでも何かしらを実行していく以外にはないでしょう。些細な事柄でも、家庭のみんなで対話し、考え、他人の意見を求めるなど、始めてみることが第一歩です。どんなことでも、そのことを知ってみようと思ったとき、おもしろさが始まります。いかなる問題にせよ、かつて人類が歩んできたように、最強の絆を持っている家族が関心を持って協力して立ち向かうことが基本なのです。

コラム 23

人と動物のよもやま話

動物園は気づきの場

今日の動物園の役割を列挙すると、①知的な娯楽を提供するレクリエーションの場、②野生動物保全などの自然保護に貢献する場、③動物の知識に関する教育の場、④これらの役割を円滑に進めるための研究の場、とされています。動物園は、社会の役に立つということでつくられていますから、存続していくためには、存在することの意義を持ち、社会に対する一定の機能を果たしていく必要があります。もともとは、生き物としての動物を見せる、いわば生き物の展示場として誕生したのです。しかし、現代では、野生動物の保護にもっと力を入れるべきだという考え方が強くなってきました。また、都市が人工的になり、自然が見られなくなった中で、園内の樹木など自然的な要素を持っていますので、自然地としても位置付けられています。

東日本大震災後、「絆」という言葉で表されるように、人と人とのつながりが大切だということが強く意識されました。このときには、動物園にも多くの人が訪れました。動物園は、行きやすく、気軽に会話でき、日常の束縛から離れることができ、ちょっとした知的な興奮があって、楽しむことができる場です。会話や体験を通して絆を深めるには、最適な場所なのです。動物園というと家族連れと思いがちですが、震災後には、家族だけではなく、カップルや友だちも少なくなかったのです。動物園は、余暇時間に訪れることができる、家庭や職場あるいは学校とは別の交流の場なのです。人工化され、街の姿が変化していく中にあって、動物園の存在は変わりませんから、そこでの体験は思い出として記憶に残ります。こうしたことによって、地域の人々にとっては、地域の核のような存在にもなっています。

これからは、動物とその環境を知ってもらい、人と環境のことを考えてもらえるような場になっていく必要があります。動物を見て、その生態の不思議さやおもしろさを、さらに環境との関わり方を知ることは楽しいことです。こうしたことを通して、動物としての人の生き方を考えることができる気づきの場が動物園なのです。

＊ホッキョクグマの毛＊

ホッキョクグマは、シロクマとも呼ばれることがあるように、白く見えますが、実は毛は空洞になっています。太陽の光は皮膚まで届き、体を温め、空洞の毛が保温効果を高めます。動物園などで緑がかったホッキョクグマが見ることがありますが、空洞の中に藻が繁殖したことによります。ですから洗ってもなかなか白に戻りません。何か普通と違うことを目にしたら、調べてみると意外な発見があるかもしれません。

02

感覚のある社会へ

人類が今日まで発展してきた理由は、家族の絆を基礎として社会の最小の単位である家庭を築き、家族の集まりである社会という集団をつくって、個人がその双方に属すことによって助け合いながら生きていく、ということにあると考えられます。そして、こうした特性を持つことができたのは、言語という高度なコミュニケーション能力を獲得したからなのです。言語的な特質は、他の動物にも見られますが、進化していくうちで喉頭や舌などを精密化することによって高度な発声ができるようになってきたのは人類だけです。

人類は、保護を必要とする状態で子どもを産み、長期間にわたって子どもの成長のために労力を注ぎます。その原動力は愛情です。そして、母親が安心して子育てを行うことができるように、父親のみならず社会も手助けをするようになってきました。社会の構成員同士の協力関係の基礎にあるのが、やはり絆です。人類においては、親子の絆は、愛情と呼ばれる感情に進化してきました。そして、人類には、親子に関係なく、どんな子どもであろうとも思いやるという感情と志向性があります。愛情を、社会の仲間に注ぐことができるようにもなったのです。

人類の持つ絆は、親と子どもの双方が発信するメッセージをお互いに読み取ることができること、母親が自分を助けることを進んで行うことができる配偶者を選択すること、集団の中で生き残りのために協力できる仲間をつくっていくこと、などを通して形成されてきたのです。人類が生存のためにつくってきた社会には、絆といった共感が不可欠です。幼い頃、父の背中に背おられて、夜の道を歯医者に行った記憶があります。しかし、覚えているのは、父の背中のあたたかさであり、感触だけなのです。そのあたたかさが現在の記憶につながっているのだと思います。同様に、忘れていたことが写真を見ることによって思い出されてくることがあります。過去の記憶が持つ現実感は、触覚、視覚、聴覚、臭覚などの思い出によって、生き生きと蘇ってくるのです。そして、感覚のある体験は、生きているという実感につながっていきます。こうした感覚は、社会に参加していくうえでも大切です。生きているという実感は、他者との直接的なつながりをもとにした共感によっても強められるのだと考えられます。体感あるいは直感といった動物的な感覚によるつながりを家庭は持っています。そうしたつながりをさらに社会のなかにも張り巡らしていくことが、動物である人類にとって重要なことなのです。

子どもを愛する親は、自らの価値観や倫理観などを、自らの行動を通して子どもに伝えようとします。日常生活をともにしている家族がそうすることで、子ども自らが考え、行動していくことが可能になるのです。こうしたことが、最も効果的な学習方法です。そして、みんながより良く暮らせる鍵でもあるのです。

【参考文献】

ウィリアム・J・グード（1967）松原治郎（翻訳）山村健（翻訳）『家族』現代社会学入門〈3〉至誠堂

エドワード・O・ウィルソン（2004）大貫昌子・牧野俊一（翻訳）『生物の多様性（上・下）』岩波書店

木村元・児玉重夫・船橋一男（2009）『教育学をつかむ』有斐閣

ジャレド・ダイアモンド（2013）長谷川寿一（翻訳）『人間の性はなぜ奇妙に進化したのか』（草思社文庫）草思社

スーザン・オールポート（1998）久保儀明（翻訳）『動物たちの子育て』青土社

多摩動物公園（2008）『飼育係が見た 動物のヒミツ51』築地書館

東京都（1982）『上野動物園百年史』東京都

沼田真編（1976）『生態の事典』東京堂出版

P・J・Bスレイター編（1987）日高敏隆（監修）『動物大百科第16巻 動物の行動』平凡社

V・Sラマチャンドラン他（1999）山下篤子（翻訳）『脳の中の幽霊』角川書店

おわりに

発端は、日本ＰＴＡ全国協議会専務理事の高尾展明氏からいただいた、家庭教育の大切さについて動物を事例として書かないか、という提案でした。人と他の動物では、子育ての方法も違いますし、家族形態も異なりますから、難しいな、というのが最初の印象でした。しかし、家庭も教育も人の社会にとっては最も基本的で重要な事柄です。そのことを伝えることは大切と思い、家庭教育を考えるきっかけとなるようにまとめたのが本書です。

執筆するに当たり、『家族』（ウィリアム・Ｊ・グード著）、『動物たちの子育て』（スーザン・オールポート著）、『人間の性はなぜ奇妙に進化したのか』（ジャレド・ダイアモンド著）などの本を主に参考にしました。これらは、社会学、動物学、人類学など分野や内容が異なりますが、人間とは何か、ということを最終的には語っています。動物や人について興味があり、もっと知識を深めたいと思う方には一読をお勧めします。

文章を書いていくに当たって実感したのが、自分で学習することの大切さです。

家庭あるいは教育という切り口で動物の行動を整理していくなかで、今までしっかりと見てきていないことを思い知らされました。自ら書いてまとめることの大事さを、異なる視点で挑戦していくことの楽しさを、作成の段階で再確認できました。私たちの暮らしている社会をより良くしていくためには、そこに自分たちが関わっていくしかありません。家庭教育とは自分自身の学習でもあるのだということが、書き進めていくうちに分かってきました。

非常に短い時間で本書をまとめることになりましたが、ジアース教育新社の代表取締役の加藤勝博氏、編集部の市川千秋氏には、貴重なアドバイスをいただきました、短期間でまとめる作業にも尽力いただきました。挿絵を担当した加藤巧氏には、描いて欲しい内容を抽象的にしか伝えられなかったのに、良い絵を仕上げていただきました。

本とは、読者の方々との共同作業とも言えます。読んでくださった方々や関係した皆さんに感謝するとともに、今後、新たな関わり合いがあればと思っています。

二〇一八年八月

土居　利光

土居　利光（どい　としみつ）

日本パンダ保護協会会長・首都大学東京客員教授

1975年千葉大学造園学科卒業、東京都首都整備局に採用。生物関係の部署を歴任後、環境局生態系保全担当課長、自然公園課長として小笠原・御蔵島へのエコツーリズムの導入など自然保護の仕事を行った。2005年多摩動物公園園長、2011年から2017年恩賜上野動物園園長。2010年から首都大学東京客員教授、2016年から日本パンダ保護協会会長を務める。

【著書】
『造園の事典』（共著）朝倉書店：1995年
『あなたのまちをデザインする61の方法』（共著）日本コンサルタントグループ：1992年
『東京都における公園緑地計画の系譜Ⅰ』東京公園文庫：2007年
『東京都における公園緑地計画の系譜Ⅱ』東京公園文庫：2007年
『動物のヒミツ51』（共著）築地書館：2008年
『大人のための動物園ガイド』（共著）養賢堂：2011年
『野生との共存』（共著）地人書館：2012年
『動物園学入門』（共著）朝倉書店：2014年

【趣味】
石州流茶道（茶名：閑居庵土居宗明）

■イラスト　加藤　巧

人の子育て 動物の子育て

―家庭教育の大切さを動物の視点で考える―

2018年8月21日　第1版第1刷発行

著　土居　利光

企画・編集　一般社団法人子どもの未来応援団

発行者　加藤　勝博

発行所　株式会社ジアース教育新社

〒101-0054　東京都千代田区神田錦町1-23
宗保第2ビル
TEL 03-5282-7183　FAX：03-5282-7892
E-mail：info@kyoikushinsha.co.jp
URL：http//www.kyoikushinsha.co.jp/

カバーデザイン・DTP　株式会社彩流工房
印刷・製本　株式会社創新社

Printed in Japan

ISBN978-4-86371-476-2
○定価はカバーに表示してあります。